父母只要放下焦虑,轻松育儿,我想,孩子们就能成长地更健康快乐。

紫图图书 出品

园长妈妈育儿课

三小辫儿园长 著

北京日报出版社

前　言

大家好，我是三小辫儿园长。

让我谈教育，我更愿意先谈谈我的母亲。想起母亲，她是一年前离去的，我曾经抱怨过她，但如今只有怀念，以及记着她的好。感谢我的母亲，是她让我懂得教育的真谛——无需刻意而为之，只需做好自己。

我不知道我的母亲算不算得上一个文化人，她10岁才开始上一年级，求学时间不到十年，按我们这边当时的学制来看，母亲最多算初中毕业，可是她一辈子喜欢看书，喜欢学习，成年后的我经常想起她在家中看书的情景。

其实在我们小时候，家中并没有多少书，更没有书房，那时候买书是一件非常奢侈的事情，所以不管是什么书，母亲都会拿起来翻阅。印象中，家里最多的是我们的各种课本，我经常看见母亲在吃完饭后，把碗筷一放，就开始看我们的课本。夏天的晚上，邻居们在外乘凉聊天儿，而她却津津有味地看书。从那时起，我就看出母亲是一个与众不同的人，但那时的我并不觉得她有多优秀，因为她并不擅长做家务，比如做饭、收拾屋子，也不像其他母亲会细心地照顾孩子。但是如果我哪天不开心，她会耐心地和我谈心，开导我。

我的母亲还有一大特点，她从不唠叨，也从不挑我们的毛病。现在看来，这是一位母亲拥有的多么难得的优良品质。她平时关注自己更多，当然也会适时地把目光落在我们身上，经常对我们说："要好好学习，现在条件好了，不像我那时候没条件学习。"**但是她从不强迫我们做什么，始终允许我们自然地成长。母亲的教育方式是温和的，我们的身心是自由的。**

在我稍大一点的时候，也就是初中时期，有一段时间，我抱怨母亲不会给我们姊妹做漂亮的衣服，不会打扮我们，从不把我们当小孩儿看待。从7岁开始，我就自己洗衣服，母亲很少管我这些生活方面，她觉得我能照顾好自己，所以很长时间我不理解母亲的教育方式。**如今看来，她的身上有当今许多母亲学不会的教育方式，那就是"放手和松弛"。**

懂得放手多么可贵呀！我继承了母亲的这一独特品质，践行着无痕的教育方式，并且不知不觉地把原生家庭的教育方式也传递给自己的孩子。我最早对孩子的教育不是像现在这样基于多年大量的研究，一切都是原生家庭带给我的。

在教育工作中，我看到身边很多家长充满育儿焦虑，以及他们对孩子的控制，也意识到自己的幸运。我的原生家庭是让我自由、自然地成长起来的，我也希望传播自由、自然的教育理念给大家，让更多的家长和孩子受益。**父母只要放下焦虑，轻松育儿，我想，孩子们就能成长地更健康快乐。**

三小瓣儿园长

序　言

大家好，我是园长的女儿。

2020年6月，我开始帮妈妈，也就是三小辫儿园长拍摄视频，仅仅10天时间，暴涨15万粉丝，三个月时间，我们在抖音平台拥有了近50万粉丝，千万播放量的视频一个接一个。越来越多的人熟知了三小辫儿园长，也有很多人在揣测，在幼儿园园长这个相对狭窄的赛道，怎么会拥有如此庞大的流量，也有很多人好奇我们是如何运营账号的，向我和妈妈取经。

妈妈很谦虚，她总说："你们去问我女儿吧，抖音的一切都是她来运营的。"作为一个刚毕业不久的大学生，一开始，我确信这一切都是我的功劳，如果不是我大学学了电影，如果不是我当初坚持用"三小辫儿园长"这个名字，如果不是我选取了好的拍摄角度……总之，那是年轻气盛的我的一些引以为傲的想法。

后来，通过这份工作我逐渐接触到很多把自己的事业作为人生头等大事的女性创业者，在她们的身上，我看到了女性卓越的品质，非凡的毅力、出色的商业头脑、丰富的社会资源……所以，和她们相比，我们只是平凡的创业者，还有很多进步的空间。

到今年，三小辫儿园长的账号已经经营发展了四年，令我惊讶的是，妈妈从没有把抖音带给她的名气当回事，她从不主动跟我探讨账号的商业发展，每天只知道去幼儿园忙碌，早晨第一个进园，晚上最晚一个回家，十年如一日。我不明白，难道她真的看不到互联网时代的巨大红利？

有一天，我和妈妈爆发了一次争吵，我实在不明白，我们已经获得了别人觉得难于登天的流量，为什么不能让它的商业价值更大？妈妈看着我，笑着说了一句："妈妈到了这个年纪，深知如果要获得一些东西，那就要用另外一些东西去换,妈妈不想换了。"

听罢,我愣了很久。

回想每一次拍摄的过程,妈妈最厌烦摆拍,更不会表演,她只会说自己内心所想,坚持做自己认为对的事情。**当妈妈看到孩子们因为学习而焦虑,她会心急如焚,于是总是呼唤家长们放下焦虑,轻松育儿。**她对教育的真心和负责,在我心里,一直都那么耀眼。

前段时间,她开始筹划户外营地的事情,正值夏季,每天顶着大太阳在工地上忙碌,施工的工人们都说:"园长就差自己垒砖头了!"医生一直提醒她,血压高一定要注意休息,别太累了。她却一脸茫然地说:"我不累啊。"

有时,我也会犯小孩子气,怪她没有时间回家做饭,抱怨她对幼儿园的孩子比对我还温柔,可每当我看到她温柔地看向幼儿园的孩子们,看到她在营地上忙碌,想象将来孩子们来玩的时候会有多开心,想着想着自己不禁会兴奋地笑起来,我被妈妈一次又一次地感动着。

曾经有一位妈妈偶然间遇到我说:"我看了你妈妈的视频,真的帮我减轻了育儿的焦虑!你一定要帮我谢谢她!"

这个世界上有很多优秀的人,也有很多人获得了世俗意义上的成功,但我突然发现,真正的成功,就是如我妈妈一样,全情投入在自己钟爱的事业当中,闪闪发光。

妈妈,作为你的女儿,我很荣幸。

女儿 左汝琪

2024 年 6 月 14 日于大同

目 录

Chapter 1 / 谁给画的起跑线?

该如何选择幼儿园?	002
教育的意义永远大于教学	007
在幼儿园里,什么样的老师是好老师?	011
好的老师会与孩子共同成长	016
兴趣班培养的是什么?	022
谁给画的起跑线?	026

Chapter 2

尊重孩子的敏感期,他会更好地成长

- 032 为什么孩子对细微的事物特别感兴趣?
- 036 孩子什么时候形成"我"的意识?
- 039 孩子的语言敏感期,家长的引导至关重要
- 042 孩子执拗是必经的内在发育阶段
- 046 把握动作敏感期,有效培养孩子的运动能力
- 050 孩子从自己玩到学会结交朋友
- 052 孩子喜欢乱涂乱画,是进入书写敏感期了
- 055 抓住阅读敏感期,培养爱阅读的孩子

Chapter 3 / 成长就是一件很自然的事情

孩子通过玩认识世界	058
在自然教育中，培养孩子的学习兴趣	063
养育孩子最好的方式，是让孩子自由自在地成长	067
孩子不需要"听话"，自主能力更重要	070
自信是孩子最重要的能力	076
在分离中，让孩子慢慢成长	080
允许孩子慢慢来，才能帮他养成时间管理能力	087
孩子的社交能力要在集体环境中培养	092

Chapter 4

正面回应永远胜于负面说教

098　如果父母不会好好说话,那教育会变成一种伤害

104　这些话请父母不要再说了

109　只有把孩子当作平等的人,才能做到好好说话

114　即使孩子犯了错,在管教时也要维护他的自尊心

118　理解孩子的心情,培养他的情感表达能力

122　好好说话,孩子才能听进去

Chapter

5

中国家长常见的疑问

新生入园一般要准备什么?	128
孩子转园后,如何更好地适应幼儿园生活?	130
孩子不想去幼儿园,怎么办?	132
孩子害羞、认生,怎么办?	134
孩子哭闹要买玩具,父母应该满足吗?	136
孩子不分享玩具,怎么办?	138
孩子被其他小朋友抢玩具,怎么办?	140
孩子打了别人,父母应该怎么做?	142
孩子在幼儿园被小朋友打了,怎么办?	144

146　孩子被打了，还要不要让他跟对方玩？

148　为什么有的孩子说话晚？

150　孩子不爱吃饭，怎么办？

152　孩子挑食，怎么办？

154　孩子太调皮，怎么办？

156　孩子学英语，越早越好吗？

158　孩子爱看电视、玩手机，父母该如何管教？

160　被干预、控制的孩子会怎么样？

162　"二胎家庭"两个孩子吵架，怎么办？

164　父母为什么控制不住对孩子发火？

166　父母如何给孩子安全感？

168　怎样培养孩子的独立性？

170　怎样培养孩子的自控力？

Chapter 6 / 好的教育是陪孩子一起成长

好的教育是无痕的 174

孩子是父母的复制品 178

每一位焦虑的母亲背后，都有一位缺席的父亲 182

离婚的父母，更要让孩子知道"我从没有忘记爱你" 186

有问题的孩子背后，一定会有有问题的父母 190

后记 195

Chapter 1 / 谁给画的起跑线？

我希望,从我们幼儿园走出去的孩子,
眼里闪烁着自信的、快乐的、充满希望的光。

该如何选择幼儿园?

● 好的幼儿园一定是以孩子为本的

曾经有一个从当地最贵的幼儿园转过来的孩子,孩子不喜欢那个幼儿园,挑食,整天闷闷不乐,也不愿意跟小朋友玩。

这个孩子转园过来后特别高兴,因为他小时候就在这所幼儿园门前玩。姥姥送孩子来上学的时候说:"我们家孩子吃饭挑食。"结果他来到幼儿园后一点也不挑食,而且坚持每天都上幼儿园。有一天,孩子的嗓子不舒服,姥姥想带他去做雾化,结果他不愿意,因为他就想来上幼儿园。

另外,他在这个幼儿园结交了好朋友,每天都非常期待上幼儿园。

所以,"昂贵"的幼儿园并不一定是孩子喜欢的。那么,家长该如何选择幼儿园呢?

是选公立幼儿园还是选私立幼儿园?

其实,选择公立园、私立园都可以,它们具有各自的优势。

公立园相对来说价格便宜,而且孩子也相对较多。如果你家门口恰好有所公立园,父母为孩子选择它当然可以。

私立园也不错,班里的孩子相对较少,这样老师能关注到每个孩子,这是私立园很明显的优势。当然,它的价格相对略高一些。

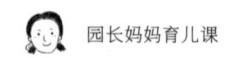

幼儿园有特色是一件好事吗?

有些家长认为,应该从小培养孩子有一技之长。在孩子的各项能力尚未完全发展时,如果开始专注于培养孩子的某项技能,那不是一种好的教育。

好的教育一定是适合孩子的,并且是均衡、全面的发展。很多父母对以双语或艺术为特色的幼儿园非常感兴趣,其实这只是成年人的喜好,而不是孩子的需求。好的教育,一定是适合孩子的。

好的幼儿园一定是以孩子为本

一个好的幼儿园,首先不会破坏孩子的学习能力。孩子的学习能力是如何被破坏的呢?如果父母或者老师强迫孩子学习,那就破坏了孩子的学习能力。

孩子是天生的学习者,他来到这个世界上就是来学习的。所以,好的幼儿园一定要保护孩子的学习能力,并且一定能发展孩子的学习能力。

为什么孩子后来不爱学习了？是因为他的学习能力在儿时就被破坏了。**一个好的幼儿园一定是以孩子为本，而不是以家长为本，或者以成绩或效率为本的。**

其次，一个好的幼儿园，会用爱诠释教育的真谛。很多教育专家传授给父母如何有效管教孩子的方法，但忽略了教育的本质。在我看来，教育是以孩子为本，让孩子成为自己的主角。不给孩子贴标签，给孩子时间"胡思乱想"，允许孩子摔跟头。用放大镜找孩子的优点，用望远镜看孩子的未来。即使孩子是小刺猬，父母也有办法拥抱他。

以平常心选择幼儿园

选择幼儿园，首先要考虑的因素就是距离。家长没必要给孩子选择离家很远的幼儿园，时间一长，家长和孩子都会身心俱疲，反而不利于孩子适应幼儿园的生活。

其次,幼儿园要突出孩子,而不是突出环境。家长千万不要为孩子选择一个装修特别豪华的幼儿园,在孩子面前刻意强调环境,只需要给孩子选择环境温馨的幼儿园就可以。当孩子进入环境温馨的幼儿园,看到宽敞明亮的教室,感到舒服自在,自然就会喜欢上幼儿园。家长们要以平常心选择幼儿园,这是至关重要的。

教育的意义永远大于教学

● 教育就是让孩子能完整地成长,成为他自己

有位年轻的妈妈曾找我说:"园长,我想带孩子退园。"

我问她:"您为什么要让孩子退园呢?"

她说:"孩子现在上中班了,还没学《弟子规》《三字经》。"

这位妈妈想让孩子在儿时多积累知识,而我觉得在儿时更应该注重广泛的教育,比如,掌握基本的生活能力、自理能力、与小朋友的相处能力,以及培养学习的

兴趣、探索大自然的兴趣，而不仅仅是重视简单知识的积累。

这位妈妈实际上是希望我们能教给孩子显性的知识，比如背古诗、背《三字经》等，她希望老师的教育能立刻在孩子身上呈现出结果。

家长这种急功近利的思想，其实就是在干扰孩子健康的成长。

幼儿园应该更重视教育而不是教学

其实，对于每位老师来说，幼儿教育都是一项挑战，因为在这个阶段，老师更应该注重的是对孩子的教育而不只是教学活动。

教学和教育有着明显的区别，教学是非常具体的活动，上多长时间的课，传授给学生哪些知识；而教育是一个很大的范畴，老师要精通教育的思想和方法，才能引导孩子成长得更好，而不仅是简单的知识积累。

别让孩子失去对学习的兴趣

很多家长都希望自己的孩子成为学霸,试想下如果从小被灌输知识,或者一直处于被动学习状态下,孩子又怎么能成为学霸呢?如果孩子的内心已经失去了主动学习的动力,无论家长怎样强迫孩子学习,孩子都很难取得成功;只有内心积极主动,对学习感兴趣的孩子,才能不断探索知识的乐趣。

有些家长从小就给孩子灌输这样的观念:学习与他将来的生存是紧密相关的。学习是为了将来能考上一所好大学,找到一份好工作,这样才能拥有好的生活。

如果孩子从小被这种观念深深影响着,他内在的自我精神、自我力量很难发展起来。**培养孩子的学习兴趣,首先要从发展孩子的自驱力开始。**

教育是让孩子成为他自己

童年奠定一个人人生的基础。有时成年人不相信孩子能自己成长,在"望子成龙、望女成凤"的背后,成年人在不经意间,在潜意识中强制孩子、干扰孩子,他们认为这是正确的教育。

教育不应该给孩子带来痛苦,如果教育是生活中非常重要的事情,它应该是一个幸福快乐的事情。

什么叫孩子完整地成长?**完整地成长意味着孩子不是任何人的复制品,必须让孩子成为他自己。**我多么希望每个孩子能完整地成长,成为他自己。

在幼儿园里，什么样的老师是好老师？

● 好老师能平等地与孩子交流、尊重孩子

有一位老师给我打电话哭诉，说她不想当幼儿园老师了。我了解情况后得知，她明明是为了孩子好，结果那个孩子冲她发脾气，坐在地上又踢又闹。即使这位老师当时快要被孩子气哭了，还是担心孩子着凉，心里想着不能让孩子坐在地上，赶紧把他抱了起来。

或许，这位年轻的老师不懂得应对孩子哭闹的方法，但我认为她已经是一名好老师。

那么，在幼儿园里，什么样的老师是好老师呢？

如果一位老师能耐心地对待孩子，蹲下来和孩子平等地交流，我认为这位老师就是好老师。平等地与孩子交流、尊重孩子，这句话说起来容易，但做起来实际上是很难的。

好的老师会用耐心和爱心陪伴孩子成长

我经常对老师们说：**"你们要给孩子足够的耐心和爱心，这是非常重要的。"孩子很容易信任老师，他们可以在短时间内相信老师。但是老师不能哄骗孩子，如果老师不是真心地对待孩子，孩子很容易察觉，即使有时候他不会表达。对于淘气的孩子来说，老师更应该多去拥抱他们。当孩子感知到你满满的爱，他就愿意为了老师而改变。**

所以，不管面对怎样的孩子，是听话的还是淘气的，老师都要有足够的耐心和爱心。发现每个孩子的特点和长处，把热情与希望寄予每个孩子，以真诚相待，让孩子们变得更加优秀。

好的老师会帮助孩子成长

一位老师曾跟我分享她的教育方式。她的班里有个孩子不喜欢吃蔬菜，这位老师就少给他盛了一点菜，当看到这个孩子吃完蔬菜后，老师大声地表扬他说："你表现得特别好，一点菜都没剩。"孩子听见老师表扬他，高高兴兴地就把饭吃完了，也渐渐喜欢上吃蔬菜。

所以，**好的老师要掌握科学的方法，并指导家长帮助孩子更好地成长，而不是一味地迎合家长。**

另外，好的老师不会因为孩子学习不好而不接纳他，老师应该思考怎样去帮助他，帮助他喜欢上学习。如果老师尽了自己最大的努力，但最终也没能帮助孩子爱上学习，那也不能认为孩子以后在这个社会上就没有立足之地。一位好的老师对孩子的影响是伴随其一生的，老师应该去发现并激发出孩子身上特有的优势，让孩子发挥自己的优势，让他成长为独一无二的模样。

好的老师一定要热爱教育事业

一位优秀的老师，一定要非常热爱教育事业。如果老师不喜欢幼教这个行业，那么他不可能成为一个好的老师。有的老师可能刚刚进入幼教行业，资历不深，或者本身天赋不高，但是只要热爱教育行业、喜欢孩子，我觉得他就有成为好老师的潜质。因为老师热爱教育行业，而且喜欢孩子，这些都会让他内心充满使命感，总是想把好的教育带给孩子。

老师会在平时的教学活动中深思熟虑——这样做对孩子好吗；那项活动对孩子的成长有益吗；这是不是好的教育。他也会潜心地学习心理学、教育学，而不是盲目地听从育儿专家的意见。**优秀的老师是真正的思想者和实践者，敢于质疑别人的教育理念，并且检验别人的理念，而不会盲目地相信别人的教育理念。**每位好老师都有自己的教学方式，我也经常肯定我们的老师："你们就是最好的教育专家，你们要相信自己。"

老师必须相信自己，他们是最好的教育专家，他们是每天接触孩子的人，多跟孩子接触就是最好的经验。

好的老师会与孩子共同成长

● *每一位优秀的老师,都是孩子成长路上的领航者*

一位幼师给我发私信:"园长,我觉得自己是一位不称职的老师。"

看到这句话,我从心底里为她高兴,因为我觉得年轻的老师能有这样的想法,说明她有希望成为一名好老师。

几年前,曾有几个家长一起找到我,让我开除两位老师。原因是,由于两位老师没有协调好工作的事情,就在孩子面前吵架了,家长们为此特别生气,认为这两位老师没有素质。然后，在这个班级召开了家长会，我首先问家长："你们犯过低级的错误吗？"

我很坦诚地跟家长们说："我犯过低级的错误，甚至不止一次。年轻的老师犯错误是在所难免的，但他们是教育工作者，所以我们对他们的要求很高。每个人都会犯错误，年轻的幼师也不例外。我的女儿跟这两位老师年龄相仿，我希望她参加工作以后，如果在工作单位犯了低级的错误，希望她的领导能给她机会改正错误。"

家长们听我说完后，也认为应该有这种包容的态度。后来，这两位老师并没有因为家长对他们理解和包容而懈怠工作，反而更加严格地要求自己，回报家长对他们的理解与包容。

我认为无论是哪种关系、哪种职业，人与人之间都要有更多的理解和包容。

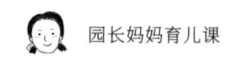

幼教者也是教育者，不是"工具人"

我常常收到很多幼师的私信，诉说关于"让孩子吃饭"这件事，他们感到很委屈和无奈。

为什么幼儿园的老师会追着孩子让他们吃饭喝水呢？首先，家长常常担心孩子在幼儿园吃不饱，或者喝水少，于是反复叮嘱幼儿园老师要多关注孩子；其次，有些幼儿园有相关规定，不要浪费粮食；还有一个原因就是，家长在家里没有让孩子养成良好的饮食习惯，所以孩子上了幼儿园以后，家长会要求老师一定要帮助孩子养成良好的饮食习惯。

我常常问老师们一个问题：你是要成为一个被家长控制的"工具人"，还是要做一个真正的教育者陪伴孩子成长？

家园共育的前提是什么？**是幼教老师一定不能被家长"牵着鼻子走"，应该站在更长远、更专业的角度去指导孩子、影响家长，而不是单纯地迎合家长，这样老师才能解决孩子成长中的根本性问题。**

如果一味迎合家长，可能就会使用错误的教育方式，并且一错再错。从事幼教工作这么多年，我深有感触，幼师很大一部分压力来自家长的不理解、不信任，以及家长错误的教育思想给幼师带来的困惑。**我想让幼师们坚定一种信念——你是孩子成长路上的领航者，你是值得被尊敬的教育者，你应该为自己感到骄傲。**

很多家长看到孩子没吃饱，或者在玩闹中磕碰了，就会来质问老师。其实，家长有时候把幼儿园当作一个服务行业。老师不是一个服务人员，他们有责任也有必要告诉家长，我们要共同地引导孩子自己好好吃饭、好好喝水，不仅仅是照顾他而已。如果家长只要求老师在幼儿园照顾好孩子，那孩子回家后，没有老师在身边，该怎么办呢？

家长们平时喜欢聚在一起聊天儿，他们经常会说："这所幼儿园的服务质量好，那所幼儿园的服务质量一般。"在我看来，这样的家长并没有真正认识到孩子上幼儿园的目的。如果他们把孩子送到幼儿园，把幼儿园的服务放在第一位的话，还不如在家里给孩子雇个保姆。家长为什么要把孩子送到幼儿园？我想不仅是让幼儿园老师照看孩子，更重要的是以更高的要求和标准教育孩子，这对孩子的成长发展是非常有意义的。即使孩子在玩闹中磕碰，和小朋友们之间发生矛盾，也同样是有意义的。

教育是让人感到幸福和快乐的事情

我常常跟老师说，我们从小当学生，长大后成为老师，当妈妈后，回忆自己成长的道路时，你会发现成长道路上有些事情是可以改善的。我们都应该回想自己的成长经历，不要再把错误的教育方式延续到我们的孩子和学生身上，而且我们应该经常这样反思。

你的老师当时是怎么教育你的呢？你还记得自己当时多么讨厌家长或者老师所说的话或所做的事情吗？当我们成为父母或者老师以后，通过反思去寻找更好的方式来教育孩子。

教育应该是一件让人感到幸福的事情，如果一名老师不能享受教育的乐趣，他就会越来越抵触当老师；当孩子不听话或者犯错时，他的内心就会产生负面情绪，甚至讨厌孩子。归根结底，他体会不到教育工作者在教育过程中的乐趣。所以，希望每位教育工作者首先将自己的心态调整好，然后充满爱心地面对孩子们。

兴趣班培养的是什么？

● 发现孩子的兴趣，培养孩子的综合能力

为什么很多家长在孩子很小的时候，每天监督孩子弹钢琴或者拉小提琴呢？

有些家长效仿郎朗父亲的教育方式，希望把孩子培养成材。然而，我们大多数孩子都是普通人，没有几个孩子拥有郎朗那样的天赋，也没有几个父母的教育方式和郎朗的父亲完全相同。

爱因斯坦曾说："兴趣是最好的老师。"兴趣不是天生的，而是后天培养的，但兴趣不是报兴趣班就能培养出来的。把兴趣强加给孩子，而忽视孩子自身的兴趣属性，这样盲目的培养对孩子的成长绝对是弊大于利。

给孩子选择兴趣班，目的是培养孩子的兴趣和综合能力，而不是一定要培养他将来成为某个方面的成功人士。

培养兴趣要尊重孩子的天性

拿幼儿美术教育举例，当你看到一些画，一定能看出哪张是孩子画的。有的老师喜欢帮孩子加工画作，当加工过后，看似这幅画更好了，但其实这是错误的教育方式。有时候孩子的画可能不完美，但那就是孩子最真实的创作，最能表达孩子的内心想法。

每个孩子都是天才，如果孩子是一条小鱼，我们用爬树的能力高低去评判他的话，他一生都会认为自己是个笨蛋。教育就是激发孩子的天赋和内在动力，培养孩子成为终身学习者，而不是改造他。

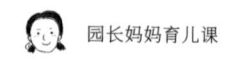

当孩子不想上兴趣班了,还要不要坚持?

孩子上某个兴趣班一段时间后,就不想继续学了,家长应不应该让孩子坚持下去呢?

如果不让孩子坚持下去,家长就会担心孩子以后做什么事都半途而废。但是,强迫孩子继续上兴趣班,孩子长大以后就能成功吗?

我认为,只要孩子愿意学,在家庭经济条件允许的情况下,家长就可以送他去兴趣班"玩"。我认为上兴趣班,有很大一部分就是玩。

在幼儿园和小学,最重要的是培养并保护孩子的兴趣,这样在孩子的成长过程中,他一定会找到一件自己热爱的事情,不管别人怎么说,他都不会放弃,并且知道那是他一生要坚持的事情。

给孩子报很多兴趣班,到底对孩子好不好?

实际上,我并不赞同家长给孩子报很多的兴趣班。有不少家长认为,兴趣班是要培养孩子的一技之长,用功利的思想教育孩子,那样不会激发孩子真正的兴趣,当然也无法培养出一技之长。

在生活和学习中,父母要慢慢地发现孩子的兴趣,然后在这方面多培养孩子,观察孩子是不是有天赋。**父母应该尽可能地放手,让孩子去玩,玩对孩子来说是特别有益于身心健康发展的。**

如果孩子从小到大一直被家长掌控,从安排上兴趣班,再到走什么样的人生路线,他们就会渐渐地失去自我。这就是很多孩子进入大学,或者大学毕业后会感到迷茫的根源,他们从小被家长管教得太多了,找不到人生的方向。

谁给画的起跑线?

● 不要输在起跑线,是教育的错误认知

很多家长担心孩子"输在起跑线"。那么,孩子应该什么时候起跑?又是谁给画的起跑线呢?

其实,家长们的焦虑、恐惧都是被"你不投资教育,孩子就会输"的教育理念深深影响着。孩子能否接受好的教育,实际上跟家长们在教育上投资多少钱并没有直接的关系。

父母为什么会担心孩子输在起跑线？

父母之所以担心孩子输在起跑线，其实是一种比较心理，他们担忧孩子未来的发展不好。 很多父母没有从长远的角度去思考教育孩子真正的目的是什么。在他们看来，教育孩子就是要培养"功成名就"的孩子。

很多父母认为，孩子的成功就是将来考上名校、找到好工作，他们对成功的理解是狭隘的，所以在日常生活中也做不到用自然的方式教育孩子。其实，每个孩子都是人才，如果他们能充分发展自我，那就能成长为成功的人。**教育孩子，一定要放平心态，顺其自然，才能有益于孩子的身心健康发展。** 如果父母不能用自然的方式教育孩子，总被焦虑影响的话，孩子的成长就有可能出现偏差。

孩子真正的起跑线在家庭

不管是幼儿园还是小学,家庭教育都是最重要的,因为家长是孩子坚强的后盾,学校教育不能代替家庭教育。

每个学校、每个班级,孩子的人数总比老师多,老师要细致入微地了解每个孩子的内心,关注每个孩子的成长,既要照顾孩子的身体,又要关注孩子内心的健康成长,然而老师的精力是十分有限的。但是对于家庭教育来说,父母只要关注自己的孩子就可以了。

在孩子成长的道路上,如果父母能够好好关注孩子的身心健康,给予鼓励和引导,对孩子发展是很有帮助的。所以,家庭教育对孩子的健康成长是非常重要的。我们常常说,**父母是孩子的第一任老师,因此父母才是孩子最重要的领路人。**

到底要不要上幼小衔接？

很多家长担心孩子上一年级后学习跟不上，他们希望孩子能上幼小衔接，提前为上小学做好准备。在我看来，这相当于把对高考的焦虑提前到幼儿园阶段。

很多幼儿园被迫引入幼小衔接内容，家长们从幼儿园就开始关注孩子的学习成绩，他们每天神经紧绷，时刻担心孩子的学习跟不上。

过度"小学化"的教育并不利于培养孩子的学习动力，如果顺其自然地帮助孩子成长，比如提高生活技能、培养习惯，或者适度学习一些小学知识，培养孩子对学习的兴趣和主动性，我觉得这才是从幼儿园过渡到小学，真正需要让孩子要去做的事情。

如果孩子不上幼小衔接，等到一年级之后学习就跟不上，这是很多家长之间的谬传。可事实上呢？我身边有不少孩子，虽然没上过幼小衔接，但他们在小学、初中阶段，学习成绩都很优秀。即使他们在小学一年级、二年级的成绩暂时不理想，但因为他们学习的兴趣和动力十足,之后也可以赶超同龄人的成绩。

其实,孩子不上学前班、不上幼小衔接,对孩子的人生没有什么实质性的影响。家长在教育孩子的过程中首先要克服孩子"跟不上"的恐惧。当孩子考 90 分时,有的家长的内心既焦虑又恐惧,他们认为"孩子的成绩落下了""孩子现在学习不好,一年级就跟不上"。

实际上,孩子的学习能否跟上取决于家长的心态。什么叫学习跟不上,什么又叫跟得上呢?难道考 90 分就跟不上,考 95 分就跟上了吗?

教育孩子,应该用长远的眼光来看待。家长过度焦虑是毫无意义的,他们把孩子一时的成绩落后看作是可怕的问题,其实从长远来看,这并不是严重的问题,千万不要让父母的焦虑毁了孩子对学习的兴趣。

教育,不能只盯着脚下的路一步一步地走,而是应该抬起头来看向孩子的远方。

Chapter 2

尊重孩子的敏感期，他会更好地成长

读懂孩子的敏感期，尊重并引导孩子顺利度过。

为什么孩子对细微的事物特别感兴趣?

● 允许孩子自己去探索,观察细小事物

细节敏感期

表现: 孩子喜欢观察细微事物并动手操作,对细小事物更感兴趣,孩子在室外喜欢观察蚂蚁、花瓣、小石子等,在室内喜欢关注线头、头发丝、纸屑等。

在幼儿园里,有个人见人爱的女孩小美。有一次,小美的妈妈找到老师,拜托老师帮助小美改一改"捡垃圾"的习惯。老师非常耐心地告诉她:"小美妈妈,您不用担心,孩子对细小事物表现出的敏感和执着都是正常的,您应该多给孩子提供观察事物的机会,这对孩子今后的学习会有很大的帮助。"

如果孩子把树叶捡回家,父母可以和孩子一起做标本;如果孩子捡回石头,父母可以和他一起观察石头的颜色、结构等。在我们的幼儿园里,老师也会有意识地培养孩子的观察力、注意力。我们有一节有趣的户外课《观察蚂蚁》,孩子们都很喜欢。老师会发给每个孩子一些面包渣,让他们在院子里喂蚂蚁、观察蚂蚁、了解蚂蚁的生活习性。孩子们在和小蚂蚁玩的同时就能很好地培养注意力和观察力。

父母不要刻意阻止孩子观察细小事物

很多家长发现,孩子从1岁多开始,突然对一些细小的事物特别感兴趣。他们会不厌其烦地观察地上的蚂蚁、小虫子,或者随手捡起路边的石子、树叶、纸片等放入口袋,带回家玩。家长们不理解孩子的这些举动,发现孩子带回这些物品后经常忍不住指责孩子，扔掉孩子捡回的物品，他们认为这样做是在帮助孩子改掉"坏习惯"，但其实这样做会阻碍孩子观察能力的发展。孩子的这些行为背后，反映出他们进入了细节敏感期。

大部分孩子大约会在 1—4 岁逐渐进入细节敏感期。这个时期的孩子会初步形成用自己的眼光观察微观世界的能力。他们对身边细小的、会动的东西敏感又好奇，这些东西常常会吸引孩子们的注意力，让他们产生强烈的兴趣，也会带给他们无穷的快乐。

孩子有自己的视角，
父母要站在孩子的角度理解"微观世界"

你的孩子有没有出现这些行为呢？在户外喜欢蹲在地上看蚂蚁、玩小石子；在家里喜欢发呆，观察墙上的裂痕、插座的小孔……父母们十分困惑，为什么孩子喜欢观察这些小东西呢？

我的女儿小时候也有过这样一段时期,特别喜欢观察"微观世界"。我记得有一次我和她一起看画册,我给她讲:"这是楼房,这是大马路,那是汽车,开车的是司机叔叔……"女儿好奇地问我:"妈妈,马路上为什么有一块小石子?"我当时哭笑不得,也有些担心是不是她的注意力有问题,后来我逐渐意识到,是孩子进入细节敏感期了,对那些小东西特别感兴趣。

蒙台梭利在讲孩子敏感期的时候,说过一句经典的话:"孩子和成人在观察时的视角是截然不同的,孩子被一个无关痛痒的小东西吸引并全神贯注地盯着它,他与小东西之间就有了一种大人无法理解的沟通和情感。"

在日常生活中,当孩子对某件东西,特别是微小事物感兴趣时,父母可以放心地让孩子自己去探索,不要打扰孩子,让孩子专心致志地投入自己感兴趣的事物中,这就是父母对孩子的帮助。遵循孩子的发展规律,不强制、不阻拦,循序渐进地向孩子介绍新发现的事物,引导孩子一起观察,激发孩子观察的热情和积极性,孩子就会在快乐中成长。

孩子什么时候形成"我"的意识?

● 孩子不是父母的附属品,他是独立的个体

自我意识敏感期

表现: 强调"我的",爱说"不",同时伴随"咬人""打人"。

我的是我的,别人的也是我的

每个孩子都会有一段时期,不愿意将自己的玩具分享给其他小朋友,这可能是孩子进入自我意识敏感期了。

当孩子的自我意识发展时，会通过宣布物品的所有权来区分自己的和他人的——我的是我的，别人的也是我的并且喜欢按照自己的意愿做事。

有些家长不了解自我意识敏感期，就会给这个阶段的孩子贴上"自私"的标签，实际上这并不是孩子自私。家长应该充分尊重孩子的意愿，或者通过游戏来引导孩子学会分享。

允许孩子说"不"

这个阶段的孩子会通过说"不"来体验自我意识的感觉，体验与他人分离的感觉，如果父母不遵从他的意愿，他就会发脾气、哭闹不停。父母不能简单地认为这是孩子叛逆或不听话的表现，也不必强行纠正孩子的行为，必须让孩子按照父母的要求去做。

在我看来，当孩子敢于说"不"的时候，就表明他正在发展成为一个独立的个体。在这个时期，孩子的界限感明确，有主见，尊重内心真实的想法和感受，并且勇于表达自己的意愿。

细心的父母能觉察到孩子真正的需求，并给他自我选择的空间。**孩子不是父母的附属品，充满爱和尊重的教育，才能激发孩子的潜能。**

两岁左右的孩子为什么会打人？

我们有时候想亲吻孩子、拥抱孩子，但当我们不经孩子允许就做出这种亲密的动作时，孩子有可能就会出手"打你"。这个阶段是孩子自我意识萌芽的初期，他们意识到自己是一个独特的个体，想要把自己和周围的人分开，他们开始学着拒绝别人的要求，不愿意别人随便触碰他们的身体。

对孩子来说，"打人""咬人"只是表示拒绝、不喜欢的一种态度，并不是粗暴无礼或有意伤害别人的行为。 父母只需要适时地阻止孩子的行为，不要说教或打骂孩子，让孩子在不违反规则的情况下，发展他的自我意识。

孩子的语言敏感期,
家长的引导至关重要

● 给孩子创造良好的语言环境

语言敏感期

表现： 开始注视大人说话的嘴型，对说话特别感兴趣，有时会自言自语，咿咿呀呀停不下来；2—3岁正式进入"语言爆发期"，经常模仿父母说话。

为什么孩子喜欢模仿别人说话？

孩子处于语言敏感期的时候，他会模仿大人说话，甚至可能会模仿说一些粗话。很多时候父母没有给孩子做一个好榜样，但旁人可能会觉得这个孩子没有养成好习惯，他是个坏孩子。其实，这只是孩子在模仿父母说话。

在幼儿园里，我们也会听到三四岁的孩子偶尔模仿成年人讲粗话，我们并不是建议父母不制止或者老师不教育孩子停止这样的行为。我们应该引导孩子，告诉他这样说话是不对的，但不必过度反应。有些父母听到孩子说粗话就大惊小怪的，其实完全不必过度担忧，因为孩子不会一直这样，等他度过语言敏感期这个阶段，这种行为自然就消失了。

有时候，父母会强行干预孩子讲粗话，这样做反而会让孩子意识到这个问题，强化他的模仿行为。

**父母用叠词和孩子说话，
对孩子的语言发展有影响吗？**

大部分父母跟小宝宝说话的时候，都喜欢用叠词，比如吃饭饭、睡觉觉、喝水水，等等。小宝宝也比较爱听这种"妈妈腔"，让他感觉到父母和他的交流是温柔的、舒服的。不过，随着孩子逐渐长大，我建议父母要减少这样的说话方式，因为这样有可能会使孩子延迟表达出完整的句子。**我们不能一直把孩子当作小宝宝，这也就是为什么有的幼儿园老师会建议家长，要称呼孩子的大名，这样才能让孩子意识到自己长大了。**

特别是在孩子七八岁，我们就可以直接叫孩子的大名，让孩子意识到他真的长大了。不过，这些只是外在的形式，让孩子真正地意识到自己长大了，还是要激发出他内心深处的力量。

孩子刚入园的时候，我们老师会记住每个孩子的小名，也会称呼孩子的小名，让孩子刚来幼儿园就感觉到很亲切友好，这样更容易适应幼儿园的生活。但是当孩子上大班的时候，我们老师就会逐渐地改变，直接称呼孩子的大名，让孩子意识到他长大了，不再是小宝宝了，这样的过渡是至关重要的。

孩子执拗是必经的
内在发育阶段

● 每个孩子都有自主意识和秩序感

秩序敏感期

表现: 孩子习惯把物品按顺序放在指定的地方,喜欢按照惯例做事等。一旦孩子已经熟悉的规则或秩序发生改变,他就会产生强烈的情绪变化,比如发脾气、哭闹、不听话、执拗。

可怕的 2 岁

我们常说"可怕的 2 岁",你会发现孩子在 2 岁左右的时候突然变得不听话,因为这个阶段孩子的自主意识增强了,有很强的秩序感。很多事情必须按照孩子自己的规定和顺序来,否则就以哭闹表示抗议。他会为了维护秩序而坚定地说"不",也会表现出执拗,将做过的事情反复进行,而且必须按照一定的顺序,一点都不能改变。

秩序敏感期是孩子建立起内在秩序并建构智能的重要阶段,对他们的成长非常重要。 孩子需要一个稳定有序的环境来帮助自己认识世界,这是孩子成长发展的必经阶段。当孩子进入执拗期的时候,他表现得不听话、固执,如果父母强行干预孩子,那将不利于孩子的发展。等孩子度过执拗期,他就不会表现得特别固执。这个阶段是孩子人生的第一个反抗期,如果家长没有好好地引导孩子,或者没有充分地理解孩子的行为,等孩子到了青春期的时候,就会特别叛逆。

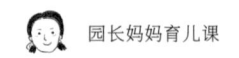

孩子的执拗,是对秩序的强烈要求

有的家长会和老师说:"这个孩子真固执!"这就是在给孩子贴标签,从一件小事就判断孩子固执、不听话,但实际上是因为孩子正处于秩序敏感期,执拗是孩子这个阶段的正常表现。

在这个阶段,孩子会表现得就要按照他们希望的顺序,这件事要先这样做、再那样做。家长应该尊重孩子的想法,不强迫孩子按照大人的想法做事。孩子的想法既不伤害别人,又不破坏环境,为什么家长不允许孩子按照自己的意愿来做呢?其实,**尊重孩子的成长规律,这就是帮助孩子成长。**

有些家长不懂得尊重孩子的成长规律,他们更重视孩子的成绩,而不理解孩子在敏感期的行为。也有些家长,他们懂得尊重孩子、保护孩子。无论孩子是胆小、内向,孩子都拥有强烈的自信心。**父母尊重孩子的成长规律,这样的家庭教育就能滋养孩子,孩子的内心也会发育得很好。**

过度地要求秩序感，对孩子的成长有哪些影响？

我们常常在观察中发现，孩子们会排好队去做游戏、去取饭，这是幼儿园的常规，也能够让孩子们保持良好的秩序感。但是，我认为这种秩序感有一点过于教条。

在集体环境中，确实需要一定的秩序，但我并没有过于要求孩子保持秩序。**我们有时候强制性地让孩子保持秩序，就会减少孩子的一些自由。所以，讲秩序也要做到平衡，不要过度地要求。**我们总在想，为什么有的孩子不愿意来上幼儿园？其实就是幼儿园在很多时候给孩子的自由是有限的。这也是让老师们特别为难的事情，毕竟安全永远是第一位的。

我们还是应该适度地对孩子管教，如果要是每天担心孩子出问题，本应该正常开展的教学生活就不能顺利地进行。

把握动作敏感期，有效培养孩子的运动能力

● 孩子活动得越充分，对大脑发育越有帮助

动作敏感期

表现： 孩子的动作敏感期从出生开始就有所表现，小到用嘴吸乳汁，大到爬行走路。他们喜欢抓玩具、扔东西，喜欢乱跑、玩捉迷藏。加强宝宝的动作训练能让身体的各个部位都协调发展。

孩子活泼好动，到处爬、走，喜欢乱扔东西，正常吗？

对于小班的孩子来说，老师会给他们比较宽松、自由的环境，让孩子适应动作敏感期。等到孩子大一些，老师还是要规范他们的一些行为，因为在集体环境中，应该给孩子建立一定的规则，如果给孩子完全自由，集体环境就会变得混乱。

这就是为什么幼儿园要对孩子进行一些常规的训练，这是对孩子行为规范的一种限定，让他们更好地适应集体生活和学习。在家庭教育中，父母也要在保证安全的情况下，不阻碍孩子的动作发展，度过动作敏感期。

有些家长可能会担心安全问题，不敢让孩子做难度大的动作，他们也会限制幼儿园老师，不让孩子做难度大的运动，怕孩子磕碰。所以老师们也越来越害怕让孩子做户外运动，但作为从事幼教多年的老师，我很不希望看到这样的现象发展下去。

如果孩子连正常的户外活动都不能进行，连正常的教育都无法接受，更何谈高等的教育呢？**所以我想提醒家长，不要因为担心孩子有可能会出现磕碰，就限制孩子做所有的运动，甚至指责老师没有照顾好孩子。**如果孩子不小心摔倒了，他可能会吸取这次的教训，下次就会注意，这也是孩子成长中一种有益的经历，所以我不建议家长过度保护孩子。

孩子活动得越充分，对他的大脑发育越有帮助，只有孩子的四肢发达，他的头脑才能发达。但是很多父母可能没有意识到这一点，只担心孩子磕碰。我希望唤醒家长们的意识，一定要正确对待孩子的磕碰。在孩子的幼年阶段，在保证孩子没有危险的情况下，让孩子多运动、多体验、多感知，这对孩子而言是多么宝贵的体验，这也是尊重生命的一种表现。父母要允许孩子感知生活，享受生活。

家长不要过于限制孩子的运动，应该放手让孩子去感受大自然，感受身边的一切，哪怕有一点小危险也可以让孩子去体验。有时候没有危险才是一种危险，不让孩子去感受那些危险,这才是一种危险。家长的过度保护,只会毁掉孩子,让孩子更胆小怯懦。

如何培养孩子的动手能力?

我们幼儿园开设了一门生活实践课,教孩子们做猫耳朵(猫耳朵是晋中、晋北等地区的一种传统风味面食)。全班二十七八个孩子,有个孩子做得特别好,甚至比我们成年人还做得好。**培养孩子的动手能力,最重要的是你别怕孩子做不好,而是要鼓励孩子多去尝试。**一开始可能做不好,但是慢慢地就会做好,成功都需要一个过程。父母要允许孩子动手,从小事上给他提供机会。幼儿园的老师会教孩子们折纸,让孩子们学习和面、擀面,一起包饺子。孩子们第一次和面,往往都会弄得一塌糊涂,但是第二次就有经验了,再往后会越来越熟练,父母要鼓励孩子去尝试,别怕他做不好。

孩子从自己玩到学会结交朋友

● 孩子的社交能力是逐渐形成的

社会规范敏感期

表现： 这个时期的孩子逐渐适应融入集体生活，喜欢和其他朋友一起玩耍、游戏，也喜欢参与集体活动。

有些家长问我："园长妈妈，孩子慢热，不喜欢交朋友怎么办？"我笑着回答："这不是个问题。咱们只要尊重孩子、接纳孩子，允许孩子按照自己的速度成长。等孩子有想交朋友的意愿时，自然而然地就会找到很多好朋友啦！"

我们想让孩子多交朋友，多参与集体活动，这就是孩子上幼儿园的意义。幼儿园其实就是一个小社会。我们小班的孩子，在第一个学期时，大多都没有社会交往的需求，有时候你会看到孩子就自己在那里玩，不会跟同伴交流。

等孩子上了中班、大班，我们就能看见两个孩子或者几个孩子在一起玩，这就说明孩子们开始有社会交往的需求了。

我们有一个转园过来的孩子，名叫果果，他一开始的社会交往能力特别弱，但是有一天我们看见，他跟小朋友一起进门，他先进来，小朋友后进来，先进来的果果就用手撩起门帘儿，方便后面的小朋友进来。在平时，我们总是认为他不擅长交朋友，很多时候好像沉浸在自己的世界里，但自从那天我们发现他主动给别的小朋友撩门帘儿，这种很自然的表现，就代表他有交朋友的意识了。我就在老师们面前，大声地表扬了这个孩子。

孩子喜欢乱涂乱画，是进入书写敏感期了

● 涂写、画画是孩子自由天性的释放

书写敏感期

表现： 孩子喜欢拿着笔涂涂画画，来回画不规则的线条、圆圈，或者写规整的文字等。

不要干涉孩子的涂写、画画

大多数孩子到了 3.5—4.5 岁的年龄，就进入了书写敏感期，孩子会产生写字的冲动。他们兴冲冲地拿起一

张纸，在上面歪歪扭扭地画几下，然后拿起纸跟我说："园长，这是我写的！"孩子的语气中透露出兴奋。我们重视孩子的书写敏感期，等上大班时，也要求孩子开始动笔写字。蒙台梭利认为，手指的活动，特别是大拇指、中指、食指与大脑发育有着极为重要的关系。孩子把这3个手指练得灵活了，他的大脑就能得到很好的发育。

我比较担心老师和家长要求孩子练写字。有些家长说："孩子一开始写得很好，对写字特别感兴趣，但后来就不愿意写了。"我认为，家长可以在孩子书写的早期阶段适当地降低要求，激发孩子对写字的兴趣。

孩子写字慢正常吗？

父母担心孩子写字慢，这种情况很常见，所以要以一种顺其自然、平和的心态去看待孩子的这一问题。

有的孩子一写字就非常兴奋，字写得特别好；还有的孩子就是不喜欢写字。对于后者,父母也不能强求,因为孩子有自己的书写敏感期,有的孩子在4岁左右,有的孩子可能再大一些。一般情况下,4岁左右就是书写敏感期的发展阶段,父母可以教孩子写字,但还是不要过多地要求孩子写字。

父母要从小培养孩子对写字感兴趣,让孩子认为写字是一件轻松的事情,而不是负担。如果父母从小强迫孩子写字、练字,孩子上学后就会觉得写字是件痛苦的事,不利于激发孩子的学习兴趣和学习动力。我觉得有一句话说得很好,"比知识重要的是思想,比思想重要的是创造力和想象力,比创造力和想象力重要的是头顶的星空。"教育孩子要有长远的眼光,不要急功近利。

抓住阅读敏感期，培养爱阅读的孩子

● 引导孩子发现阅读的乐趣

阅读敏感期

表现： 孩子对阅读产生浓厚的兴趣，特别爱翻书。即使看不懂，也喜欢翻一翻，要是遇到能看懂的，会乐此不疲地反复翻看。

给孩子创造良好的阅读环境

父母和老师不要强迫孩子喜欢阅读，而是要给孩子创造良好的阅读环境。孩子喜欢看书，我们肯定要鼓励和支持；但是也有的家长跟我说，孩子就不爱看书，对于这样的孩子我们也不要强迫。如果父母不爱看书，那为什么要求孩子爱看书呢？爱看书，也与孩子的个性有关，有些男孩子可能更喜欢做手工、玩车模型等动手类活动，我们只要给孩子创造良好的阅读环境就好了。

我们为什么要让孩子看书？大部分父母还是觉得看书能让孩子学到知识，其中也存在一些功利心。但是我认为，父母还是应该引导孩子发现阅读的乐趣，从阅读中去感受外界的事物、去认识广大的世界，而不是说看书的唯一目的就是学习知识，阅读不应该成为束缚孩子的一种方式。

Chapter

3

成长就是一件很自然的事情

教育的目的是让孩子学会选择,
自由自在地成长。

孩子通过玩认识世界

● 会玩的孩子更聪明，思想更活跃

有一次，孩子们从户外回来特别兴奋，争先恐后地跟我说："园长妈妈，我们看见很多蚂蚁，有红蚂蚁、黑蚂蚁。""红蚂蚁是好人，黑蚂蚁是坏人。"还有的孩子说蚁王在做什么，蚁后在做什么。孩子们表现得特别兴奋。

我也为他们高兴，因为孩子们能够那么仔细地观察蚂蚁。不一会儿，有个家长一脸严肃地来找我说："园长，孩子们蹲在地上看蚂蚁半个小时了。"经过沟通，我发现他想表达的意思是，他认为这种活动是浪费孩子的时间。

我开玩笑地说:"孩子们刚才那么高兴、那么兴奋,听到你这么说,仿佛被你浇了一盆冷水,你不想让孩子们这般高兴吗?他们兴致勃勃地观察蚂蚁,你一脸严肃。"这个家长认为观察蚂蚁是浪费时间,希望孩子能够多一点时间在教室里学习。

让孩子尽情地享受玩的乐趣

当父母焦虑时,希望孩子投入全部的精力努力学习,换言之,他们不允许孩子轻松愉快地玩耍、成长,包括不让孩子享受幼儿园和童年的生活。

孩子恰恰是通过玩来认识世界的,所以家长一定要让孩子尽情地玩,孩子在小时候越玩越聪明。然而,有的家长却只希望孩子学习,不允许孩子玩。

早教不是给孩子买昂贵的玩具,或是报早教班,陪伴孩子玩才是最好的早教。对孩子成长来说,玩就像空气、阳光一样，是必不可少的。

我们可以想象，那位家长在家里也会强迫孩子学习，即使这个孩子以后能考上一所好大学，他的内心也很难感到幸福。

孩子在玩的过程中有什么收获？

有些家长认为，学习就是坐在椅子上拿出笔和纸来写。在我看来，这种学习是以积累知识为导向的，会在某种程度抑制大脑的发育。

如果家长认为孩子从小接受的教育仅仅是和中考、高考有关的，他们理解的学习目的就是狭隘的。所以当孩子们在幼儿园做各种活动的时候，家长认为这只是让孩子每天玩，实际上孩子在玩中寓教于乐。

一般情况下，家长可以接受中小班的孩子玩，但是到了大班，家长就开始跟老师们反映，孩子要开始进行幼小衔接了，不能总让孩子玩。作为幼儿教育专业的老师，他们深知如何安排孩子的课程和游戏时间，遗憾的是，家长们有时候过于焦虑了。

不会玩耍的孩子，会怎么样？

对于孩子来说，玩其实是在培养思考能力。玩既是一种学习，又是一种思考。在孩子年龄还小的时候，尤其在0—6岁这个阶段，孩子的学习是通过身体去感知的，而不是通过大脑学习的。

因为孩子是通过身体感知去学习的，所以我们一定要允许孩子玩游戏，玩对于孩子的身心发展是特别有意义的。但是很多家长认为，孩子玩游戏是没有意义的，甚至在浪费时间。家长对于孩子玩游戏没有一个科学的、客观的认识，他们始终不能认识到玩游戏对孩子的童年有多大的意义。孩子一定是通过玩去学习并且发展自己的能力。

孩子在不断地探索这个世界，对这个世界充满了好奇心。我经常跟老师们一起讨论，你们有没有想过，为什么一个孩子能坐在沙子旁玩半天，而我们成年人就不喜欢玩沙子呢？这其实是孩子的大脑和身体的一种需求。我们认为玩沙子是在浪费时间，但这是孩子身心发展的一种需要。

我们经常建议家长们，要允许孩子玩。等孩子上小学、初中，随着学业的加重，孩子懂得通过玩来平衡身体和大脑。如果我们想让孩子一直保持认真、紧张的学习状态，孩子肯定会身心俱疲，适当地玩才能让孩子缓解学习的压力。**孩子只有懂得平衡身心的发展，才会平衡其他各方面的发展。**家长怕孩子玩、不允许孩子玩，其实源于焦虑的心理。

如果家长们能深刻地意识到玩对于孩子的意义，也许就不那么焦虑了。家长们应该放手让孩子去玩，不能给孩子过多的学习压力，这样才能保证孩子身心的良好发展。

在自然教育中，培养孩子的学习兴趣

● 让孩子在大自然中去感知、观察世界的样子

成长是一件自然的事情，就像自然界里庄稼的成长一样，家长不要刻意地干预孩子的成长，应该允许孩子自然地成长。比如，孩子没有学步车，一样能学会走路；家长不让孩子光脚在地上走路，其实，光脚走路是最容易实现、最省时省力的锻炼方法，有助于孩子的大脑发育，提高耐寒能力，增强体质。

父母要特别注意对"自然教育"的思考与实践。自

然教育，不仅可以带领孩子走向大自然、了解大自然，获得来自课堂之外的巨大收获，而且是父母在教育过程中贯彻"不干涉，顺其自然"的方式。

这门自然课程不需要教材

在我们幼儿园，开设了一门自然课程，这门课程没有教材。我总在引导我们的老师，不是每门课程都需要教材。我们开设生活课程、自然课程的目的不是教育孩子，而是激发孩子对探索大自然的乐趣，培养学习的欲望。

比如，下雨后，我们会带孩子到户外，雨后地上、墙上有很多蜗牛，老师们就让孩子观察蜗牛。观察蜗牛、了解蜗牛的生活习性，这就是我们自然课程中的一节课，接触大自然本来就是很自然的事情。

孩子们在户外细心地观察蜗牛爬行的轨迹、和蜗牛说说话，从而亲近大自然，发现大自然的奥秘，这就是自然课程，完全不需要教材。特别是中小班的孩子，很多孩子还不识字，更不需要教材。我们的语言课有教材，在老师的带领下，让孩子们一起念一念、读一读。孩子喜欢探索什么，就让他探索什么；孩子对什么感兴趣，就让孩子了解什么。

大自然才是孩子最好的课堂

在我们幼儿园附近有个小公园，老师们平时会带着孩子到公园里活动，比如观察四季的变化，收集落叶、松子、画画等。我建议老师们，应该多组织这种户外活动，让孩子亲近大自然、对这个世界充满兴趣。**孩子们走进大自然，去感知、去观察、去探索世界，这样，孩子们的潜能也能被最大限度地开发。**大自然就是孩子们最好的课堂。在没有升学压力的幼儿园阶段，孩子们更应该珍惜这段美好的时光。

天地万物都是孩子们的课堂，如果我们在大自然中向孩子传授知识，就能很好地培养孩子的学习兴趣。我时常跟老师们说，"学习并不完全是为了积累知识，更重要的是培养学习兴趣"。但是很多家长更希望孩子呈现出好的学习成果,他们希望孩子掌握很多知识,而不在意孩子是否产生了浓厚的学习兴趣。在培养孩子学习兴趣的过程中也会教孩子识字。比如,老师会带着孩子们观察树叶上的雨滴,顺其自然地教孩子认识"雨"这个字。

在我看来,**如果孩子对探索这个世界有浓厚的兴趣,他就愿意了解这个世界,也愿意了解这个世界里各种各样的人**。每个孩子都是天生的学习者,但是他来到这个世界的目的并不只是为了学习。为什么很多孩子刚开始喜欢学习,后来就失去学习兴趣了?就是因为我们的控制使孩子失去了学习的兴趣。

养育孩子最好的方式，是让孩子自由自在地成长

● 给孩子设定的要求太多了，孩子就感受不到自由

我们都知道"父母最好的爱，是给孩子自由"。为人父母，要学会放手，爱孩子就应该给他自由，而不是操控他的一切，不让他自己去成长。然而，有些父母把自由给孩子的时候，还会额外给孩子增加一些条件和要求，这样孩子并没有真正地得到自由。

我曾经看见好几个孩子，从楼道里走出来下一个高台阶，他们都是手脚并用地爬下台阶。如果有家长和老师看到这一幕，有可能会阻止孩子这样下台阶，但我

不建议这样。什么是自由？自由就是在保证安全的前提下，尽量不限制和阻止孩子活动。我常常语重心长地跟家长们说："希望您相信我们，孩子是安全的，没有一个孩子那么容易磕着、碰着。"

父母要有意识地给孩子自由

在孩子成长的过程中，成年人一定要有意识地给孩子自由。我们有一个很大的游泳池，孩子们在户外活动的时候很喜欢沿着游泳池四边走，在上面找平衡感。那天，有个孩子先这样走，然后其他孩子就跟着一起。我看见这一幕的时候，心里暗暗地想，老师会阻止孩子这样走吗？等待了一会儿，我发现这位老师真的没阻止孩子。第二天晨会时，我就问昨天的那位老师："您当时想没想过阻止孩子们，不要在游泳池边上走，因为那样很可能会摔倒或者掉进游泳池里。"那位老师说："园长，我确实想过要阻止孩子们，但是我又觉得不妨让他们走一走，要是有孩子不小心摔倒了，他也会自己总结出经验。"我认可了他的观点，我说："对，我们要给孩子自由。"那位老师又说:"不过,昨天没有一个孩子掉下去,孩子们都能掌握好平衡。"我们有时候不允许孩子去尝试、去挑战自己,往往给孩子的自由太少了。**孩子只有在不断尝试中才能够成长,知道什么是对的、什么是错的,也只有通过不断尝试来积累对这个社会的认知。**

给孩子自由,孩子才能健康快乐地成长

在我们幼儿园里,有一个很有个性的小男孩,他很喜欢在操场的草地上躺着,很享受的样子,完全沉浸在自己的世界里。还有一个淘气的小男孩,特别喜欢幼儿园的沙坑。当孩子们在操场上做操的时候,他就跑到沙坑那里去玩沙子,老师把他叫过来,他自己一会儿又过去了。

在教育孩子的过程中,我们不时地纠正孩子的行为,这样不行、那样也不行,如果我们给孩子设定的条件和要求太多了,孩子就感受不到自由和生活的快乐。其实,在安全的、不干扰别人的情况下,我们可以充分地给孩子自由。

孩子不需要"听话",
自主能力更重要

● 父母管教得越多,孩子越是缺乏自主性

有的家长就要求孩子从小要时时刻刻听话,这绝对不是一件好事,家长不要总是把"听话"挂在嘴边。从小一直听话的孩子,长大后很难有自己的主见,父母到那时又会担忧"孩子做任何事情都没有想法"。

实际上,父母应该意识到:我们的教育不是要让孩子变得听话,而是要学会独立懂事。

父母不要认为孩子"很乖""很听话"是值得骄傲，甚至是值得炫耀的事情，或者经常在孩子面前赞扬他这样的行为。

特别是现在常说的"妈宝男"，就是因为在孩子小时候，妈妈认为听话的孩子才是好孩子。妈妈在孩子小时候就为他安排好一切，替孩子做主，这样的孩子即使长大了，他的内心也一直没有长大。

父母要让孩子做自己的国王；如果孩子没有形成独立的自我，他就不会成为自己的国王。

孩子通过选择，成为他自己

那么，如何帮助孩子寻找自我？

让孩子从小自己做决定，任何事情都征求孩子的意见，多询问孩子，"你打算怎么办？""你想怎么做？"从小尊重孩子的意愿，比如他想用手抓着饭吃，那就让他抓着吃；冬天了，她想穿裙子，那就让她穿……

如果孩子能在小事上自己做主，那么长大后也能决策好自己的大事，这样的孩子不会成长为一个没有主见的人。

教育的最终目的是让孩子学会选择、懂得选择，选择他认为的对与错、好与坏，选择他喜欢与不喜欢的事情，父母适时引导，由此形成他的三观，最终成为他自己。

孩子在儿时不知道自己喜欢什么；上学时不知道自己为什么要学习；等上了高中，仍不知道自己将来考哪所大学、选什么专业……那么等孩子步入社会后，他也不知道自己该如何就业，以后想过怎样的生活。

我的女儿从小很喜欢美术，她上高中时说，"我要考全国一流的美院"。她就给自己定下这个目标，最终考上理想的院校，现在也从事着自己喜欢的工作。

有些家长习惯帮孩子做主，任何事情都替孩子做决定。可悲的是，等到孩子长大成人后，孩子不知道自己真正喜欢的是什么。这就是父母从小没有给孩子充分选

孩子的童年很短
请用爱的小事填满

值得父母陪孩子完成的 50 件爱的小事

- ☐ 玩沙子
- ☐ 玩泥巴
- ☐ 堆雪人
- ☐ 荡秋千
- ☐ 划船
- ☐ 放风筝
- ☐ 捉迷藏
- ☐ 观察蚂蚁
- ☐ 收集花瓣和落叶
- ☐ 去森林里画画
- ☐ 去海边拾贝壳
- ☐ 在草地打滚儿
- ☐ 在营地露营
- ☐ 穿雨靴踩水坑
- ☐ 去采摘
- ☐ 去爬山
- ☐ 去公园
- ☐ 去游乐场

- ☐ 去动物园
- ☐ 参观博物馆
- ☐ 参观科技馆
- ☐ 参观美术馆
- ☐ 看日出
- ☐ 看日落
- ☐ 看夜空
- ☐ 学一种乐器
- ☐ 学骑自行车
- ☐ 学游泳
- ☐ 制作玩具
- ☐ 制作贺卡
- ☐ 折纸
- ☐ 玩拼图

- ☐ 读故事书
- ☐ 背古诗词
- ☐ 看动画片
- ☐ 了解安全知识
- ☐ 包饺子
- ☐ 拍全家福
- ☐ 去亲戚家拜年
- ☐ 剪窗花
- ☐ 贴春联
- ☐ 放烟花
- ☐ 喂动物
- ☐ 养一盆花
- ☐ 谈理想
- ☐ 存零花钱
- ☐ 结交新朋友
- ☐ 给朋友送礼物
- ☐ 大扫除
- ☐ 装饰房间

择的机会,以及选择的权利。

犯错也是孩子成长的机会

为什么很多父母和老师忍不住插手孩子的成长?这是因为他们担心孩子做出错误的选择。

事实上,孩子只有亲身经历过一些事情,他才能逐渐成长。虽然有时候我们明知道前面有个坑,孩子有可能会摔倒,但我们也会要孩子自己去体验,如果摔倒了,就爬起来。当孩子经历了种种事情,就会有所成长,慢慢变得成熟。

家长没必要处处为孩子撑起保护伞,对孩子过度保护,不让他受伤、不让他跌倒。这样就会剥夺孩子成长中最宝贵的东西。孩子需要去经历,家长必须懂得适时放手,让孩子去体验自己的人生。

其实,教育工作者的本质就是要带领孩子去寻找他自己的王国,即使孩子在寻找的过程中无数次摔倒也没关系。在每一个路口让孩子自己去选择,如果走错了,就重新再走,这是非常有意义的。长此以往,孩子会越来越明确方向,等他长大后,他才不会迷茫不安,因为他是自己生活中的国王。

父母要有不管教的勇气

孩子的自主性、自觉性是培养出来的,不自觉的孩子背后,往往站着时刻掌控他的父母,孩子的主动性都是被父母错误的教育方式磨灭的。

父母管教得越多,孩子越是缺乏自主性,这是一个特别普遍的现象。父母一定要有不管教的勇气,管教得越少,孩子才有可能学会自觉。我们一定要相信,每个孩子都有自我管理的能力。

父母们都希望能培养出自主性强的孩子,对那种学习积极性弱,或者生活自主性差的孩子苦恼不已。他们认为,这样的孩子天生就是不自主、不自觉,其实是因为他们没培养好孩子,在孩子成长的早期阶段没有给孩子充分的自由。在一定程度上让孩子经历挫折,这也是给孩子的一种自由。

父母不要永远提醒孩子,前面有个坑,你要绕开走,而是要引导孩子自己跳过去,毕竟孩子未来的路还是要靠他自己走。

自信是孩子最重要的能力

● 鼓励、肯定孩子,让孩子发自内心地相信自己

孩子最需要的是什么?就是在犯错误或者遇到挫折的时候,在背后给他有力的支持,让孩子始终相信自己的力量。

当孩子遇到困难和挫折,需要家长及时地鼓励他、肯定他的时候,我们一定要告诉孩子:虽然你不擅长这件事,但不代表不擅长其他事情。父母和老师要传递给孩子一种坚定的力量,让孩子发自内心地相信自己,激发出内心的动力。

培养孩子的自信心最重要的是什么？

培养孩子的自信心，除了认可、支持孩子，还有一点至关重要，那就是当孩子表现出某些特点，却不是父母期望的样子时，父母不要像医生那样，总想要纠正或改变孩子。

父母应该允许孩子放大自己的特点，让他时刻有一种能掌控自己、主导自己的力量，而不是被父母、被周围的环境所影响。

给孩子贴标签，是毁掉一个孩子最快的方式

成年人不要随便给孩子贴标签，比如说孩子"淘气""不听话"，孩子可能就是精力旺盛、性格外向，但成年人有时候就会给他们贴上"坏孩子"的标签；还有那些性格内向、不爱表现的孩子，成年人又会给他们贴上"没出息""不聪明"等标签。

成年人给孩子贴标签的这种行为，其实是想通过语言影响孩子，在这种负面评价下，孩子无法肯定自己，并且会朝着负面评价的方向发展。特别是当孩子做错事时，我们千万不要说"你是个坏孩子"，这是对孩子人格的一种否定，只会让孩子失去自信，而不能纠正他的错误行为。

人们常说："三岁看大，七岁看老。"这种说法其实带有偏见，正是因为成年人的这种偏见，间接地影响了孩子的成长。

不要做永远正确的父母，不要剥夺孩子的试错权

不自信的孩子背后，往往站着自认为永远正确的父母。当孩子的意见、想法、做法与父母不一致时，父母坚定地认为自己才是正确的，孩子必须听从父母的建议。特别是看起来懂事听话的孩子，大多数内心是不自信的，归根结底是父母替他们做了太多决定。

孩子的自信是从小建立起来的，成年人一定要多支持、肯定孩子的想法和做法，允许他犯错误，让他不断地按照自己的想法做事，给予他做决定的权利，这样孩子才能成长为一个充满自信的人。

不要用奖励去鼓励孩子

我常常在晨会上跟老师们说，建议大家不要总是用小贴纸、小礼物这类物质奖励去鼓励孩子。

对孩子来说，奖励不是一种良性的引导，因为有的孩子很容易依赖这种奖励。他们非常在意外界的评价、他人的眼光，这样的孩子长大后在内心深处不易建构起自我肯定感。还有的孩子，因为没有受到老师的表扬，瞬间就会陷入失落中，似乎再也找不到成长的动力。

经常使用奖励的方式去教育孩子，孩子就会把奖励当作动力，不利于形成自主人格。这样的孩子总希望得到别人的夸奖，过度在意他人的看法，长大后也会活得疲惫。

在分离中,让孩子慢慢成长

● 分离焦虑是正常的现象,别看得过于严重

在报名时,有对父母说他们的孩子特别愿意来上幼儿园。孩子每天在家里说着"我要去幼儿园",父母也经常带他来玩幼儿园的滑梯、秋千,他感觉幼儿园到处都是好玩的,所以第一天入园就开心地跟父母说"再见,再见"。

结果,第二天这个小家伙就哭着说"我不要上幼儿园"。当这对父母跟我说明孩子的情况后,我跟他们说:"孩子不哭是不正常的,哭才是正常的。"

这对父母并没有因为孩子哭而焦虑，而是把孩子交给老师。老师接过孩子，他还是在那儿一直哭。老师拍一拍他的后背，过了 10 分钟他就不哭了。

接下来两三天，每次入园时孩子还是会哭着和父母说"再见"，过了一周后，孩子就适应了与父母的分离。因为父母表现得很轻松，所以孩子的分离焦虑不会持续很久。

如果一个孩子的分离焦虑特别严重，而且持续很长时间的话，从表面上看似乎是孩子的问题，但其实是家长的问题。

父母的分离焦虑一定很严重，他们已经在不知不觉中把焦虑传递给了孩子。孩子可以捕捉到父母的焦虑，所以父母要舍得让孩子独立去适应新环境，放手让孩子去成长。

当孩子出现分离焦虑时，有的家长会说："是不是孩子现在太小了，是不是可以晚点送孩子上幼儿园？"其实，这种逃避分离反而会阻碍孩子的成长。父母越是迟迟不面对这个问题，给孩子带来的痛苦越多，解决这个

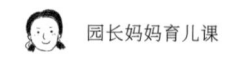

问题越困难。

父母要把上幼儿园当作孩子成长道路上的里程碑，而不要认为上幼儿园是一件痛苦的事情。虽然比起家里的环境，孩子可能会遇到一些委屈或不舒心，但成长必须要接受复杂的环境，这样孩子才能顺利地成长，并且成长为一个坚强、独立的孩子。

世界上只有一种爱是为了离开，那就是父母对孩子的爱，父母教育的最终目标就是让孩子学会更好地离开父母。在孩子长大的过程中，父母心中的小孩也在慢慢长大，父母是和孩子共同成长的，他们的教育对孩子至关重要。

面对孩子的分离焦虑，父母应该怎样做？

我们通常认为，孩子离不开父母。其实，是父母离不开孩子，父母的分离焦虑更严重。孩子之所以会产生分离焦虑，有一部分原因是父母把这种焦虑传递给他们。孩子能敏感地捕捉到父母的情绪，因为父母常常表现得情绪紧张。孩子幼小的心灵能感受到父母的任何情绪，所以父母不要再加剧分离焦虑，而是应该让孩子明白，分离焦虑是很正常的情绪。

父母要表现出很轻松的样子，别把分离焦虑看得过于严重，因为分离焦虑迟早会过去。在和孩子分开的那一刻，父母看到孩子在声嘶力竭地哭，能感受到孩子在那一瞬间表现出的恐惧感。但是，一旦父母离开以后，孩子没过多久就恢复平静了。如果我们的老师能及时地关注孩子的情绪，安抚孩子，孩子就能更快地平静下来。

没有分离焦虑的孩子正常吗？

如果孩子离开父母，没有任何反应，那在一定程度上也是不正常的。这样的孩子，可能在早期体验过与父母的分离，培养出了独立性；另一种可能是，在孩子的基因里面，本身就有很独立的成分；还有一种可能是，孩子表现出的冷漠或者不在意的态度，说明亲子关系并不亲密。

对于这种没有分离焦虑的孩子,我们更应该多加关注和反思。是不是我们在和孩子早期的相处中,没有跟孩子保持亲密的关系?我们经常说,会哭的孩子有奶吃,也就是说明会哭的孩子更容易被关注,但不哭的孩子同样需要我们及时地关注。

父母也有分离焦虑吗?

我们要把分离焦虑视为一个正常的心理反应,父母有分离焦虑,孩子也有分离焦虑,这是人之常情。我们经常和父母说:"不要哄骗孩子,把孩子送到幼儿园之后,你们就赶紧走。"有的家长看似很配合我们,他们对孩子说"你看老师手里有什么",等孩子看向老师,家长就慌张地离开,跑远了再偷偷地看孩子一眼,这也反映出家长的分离焦虑。

父母可以跟孩子讲清楚:上幼儿园是必经的阶段,

你会慢慢地跟小朋友们一起适应幼儿园的生活。其实，我们不必跟孩子讲很多道理，孩子通过亲身经历，他就会感知到爸爸妈妈每天早晨把他送到幼儿园，晚上会来接他回家，他就逐渐地意识到在幼儿园是很安全的，慢慢地养成上幼儿园的习惯，也就能克服分离焦虑了。

很多家长问我："孩子在经历分离焦虑时一直哭，我应该怎么办？"我告诉这些家长："你只需要平静而温柔地跟孩子说'再见'就可以了。无论孩子当时哭得多么厉害，你都不要留下来安慰他。"我们希望，有越来越多的父母能坚定地配合老师，其实孩子很快就能适应幼儿园的生活。有些家长不放心孩子，不停地回来安抚孩子，向老师各种嘱托，这样就会延长孩子分离焦虑的时间。这是我们见过很多的分离焦虑以后，总结出的经验和体会。**很多时候，孩子的分离焦虑问题，都出在家长身上。家长应该信任幼儿园老师，会帮助孩子度过分离焦虑时期。**

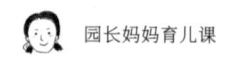

让我们一起放下焦虑

除了分离焦虑,现在父母还有其他各种各样的焦虑。焦虑的情绪就像可怕的诅咒一样,会令人陷入负面循环中。父母越担心,往往事情越无法按照良性的方向发展。那么,父母如何保持积极、健康的心态呢?

首先,**你要相信别人**,比如说把孩子送到幼儿园,你就要相信幼儿园老师能照顾好孩子,也能教育好孩子。

其次,**你要相信自己、相信孩子**。有时看似很严重的问题,其实它是很简单的问题,随着孩子成长,能够顺其自然地解决这些问题。

最后,**你也要相信未来,相信还有很多美好的事情尚未发生**。你所担心的事情90%不会发生,与其把焦虑传递给孩子,不如从小传递给孩子积极的心态。

为什么说你要相信别人、相信自己、相信未来呢?因为这种积极的心态会让所有的事情进入良性循环中,即便遇到问题,你的内心也有力量去面对和解决。

允许孩子慢慢来，才能帮他养成时间管理能力

● 父母的督促和控制，不利于孩子养成时间管理能力

中国台湾作家张文亮在散文诗《牵一只蜗牛去散步》中写道：上帝给我一个任务，叫我牵一只蜗牛去散步。我不能走得太快，蜗牛已经尽力爬……

这首诗为我们提供一个很好的视角，让我们看到孩子的成长需要时间，家长们不必着急。不知你是否有这种感觉，长大后常常感叹时间过得特别快，但在儿时会觉得时间过得很慢。这是为什么呢？

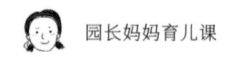

孩子在小时候，他做的每一件事情都需要慢慢来，孩子是在感知时间，他没有过去和未来的时间概念，所以他就专注于眼前感兴趣的事情。

但家长却恰恰相反，他们经常不断地催促孩子"快点起床""快点吃饭""快点出门"。其实，有时候家长越催，孩子反而越磨蹭、拖延。

有时父母要学会忍住，别插手

我听过这样一个故事：有个美国妈妈，她每天早晨催促三个孩子上学，但孩子们总是磨磨蹭蹭，不能按时出发。

有一天这位妈妈说："从明天开始，我不会再催促你们了，明天早上 8 点我会准时开车出发。"第二天 8 点，孩子们果然还在家里磨蹭，不能按时出发，但妈妈信守承诺，开着车出发了。她去了学校，然后又回来，孩子们这次意识到"妈妈到了 8 点，真的不会等他们了"。

于是孩子们渐渐学会时间管理，提前规划好早上的时间，避免再次迟到。

父母可以尝试这种方式，孩子们自然就会知道，你不会再催促他们，也不会再等待他们，他们就会形成对时间管理的自控力。

父母不催促，孩子不拖延

父母不要总是强制孩子、催促孩子，孩子不会通过父母的不断催促和控制养成良好的时间管理能力。父母越催促孩子，孩子就越拖延。 另外，有些孩子就是慢性子。如果家长想要培养孩子的时间管理能力，我建议你要从小培养孩子的自主性，让孩子承担拖延的自然后果。

我从来不担心我的女儿会上学迟到，我也从来不叫她起床，或者帮她设定闹钟，一直都是让她自己做好时间管理。如果她总是迟到，老师会批评她，甚至妈妈跟着她一起接受老师的批评，这会使孩子的内心产生自责和愧疚感，我们一定要让孩子承担这种自然后果。每个孩子都有自尊心，当孩子体会到不好的感受，下次就能意识到要准时上学。我的女儿有时反而会督促我，催促她每天早晨早点起床，避免迟到。我会有意地表现出轻松的心态，让孩子自己养成时间管理的习惯。

在孩子小时候，对于孩子自己能做的事情，父母不能表现得比孩子还着急。很多时候，孩子能自己做很多事情，在孩子不需要我们提供帮助的时候，或者没有主动提出让我们帮助的时候，父母一定不要主动去帮助他，要允许孩子自己做事，即使完成得不好，也要让孩子自己去经历。如果家长一直处于焦虑的状态，表现得比孩子还着急，冲在前面替孩子做很多事情，孩子是不能学会自主的。

父母用言传身教的方式，提高孩子的时间管理能力

孩子缺乏时间管理能力，和家长没有做好榜样有很

大的关系。很多年轻的父母没有养成良好的作息习惯，经常晚上熬夜、早晨睡懒觉，因此孩子也不会养成良好的作息习惯。

我的两个女儿，从小她们的作息时间都是很规律的，她们知道第二天要早起上学，所以每天晚上10点钟就会入睡。有些孩子习惯晚上熬夜、早上赖床，我觉得主要原因在于家长没有帮助孩子养成很好的作息习惯。

我们经常说："孩子的很多问题，都是家长的问题。" 对于孩子身上的问题，父母先要学会自我审视。 我经常跟一些家长说："教育是循序渐进的过程，如果你一天、两天管教孩子，就想让孩子立即改掉坏习惯，这是不可能的。孩子养成好习惯，肯定需要一个过程，只要你有耐心，给孩子成长的空间，就能见证孩子改变的过程。" **养成一个好习惯需要时间，改掉一个坏习惯同样需要时间，父母一定要给孩子充足的时间。**

孩子的社交能力要在集体环境中培养

● 面对孩子之间的冲突，父母不要轻易插手

幼儿园的集体环境中最宝贵之处在于，它允许小朋友们在这里发生冲突。孩子在家里基本不会与家人发生冲突，但在集体环境中不可避免有冲突和矛盾，孩子就要学会面对冲突和矛盾，并且想办法去解决。这是每个孩子在成长的过程中要经历的。

只有父母不把矛盾和冲突视为洪水猛兽，孩子才能学会解决问题。如果父母第一时间冲到前面，替孩子解决问题，或者是孩子的表现令你不满意，就埋怨他、责备他，那么孩子就会越来越胆小、怯懦、不自信。

简单地划分"对"与"错",是无效的教育方式

我们幼儿园发生过这样一件事,有个叫牛牛的小朋友插队了,另一个小朋友大声对他说:"你不能插队!"然后牛牛大声地哭了起来。

我走过去,小声问那个小朋友:"牛牛在伤心地哭,你知道他为什么这么伤心吗?"他思考了片刻,然后过去跟牛牛说:"牛牛,对不起,我不该这么大声地对你说话。"这是小朋友自己说出来的。

很多时候我们只需要在旁边提醒孩子就可以。牛牛还在哭,这个小朋友又想到一个好办法,他对牛牛说:"我明天给你带一个好玩的玩具。"牛牛听到后就笑了。

然后,我又小声地对牛牛说:"那你呢?你以后会怎么做?"

牛牛说:"我以后不插队了。"

当孩子之间发生冲突的时候,成年人不要简单地当

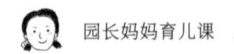

裁判，明确地分清对与错。有时候我们需要引导孩子自己说出正确答案。

允许孩子不打招呼

孩子是各不相同的。有的孩子在每天放学时，喜欢跟每个人说"再见"，跟老师、园长、保安大爷都要打招呼，特别可爱。

但有的孩子不爱打招呼，即便对其他小朋友也不说"再见"。其实这样的孩子也很好，并不是每个孩子都一样。喜欢打招呼的孩子很可爱，不喜欢打招呼的孩子也很可爱，他可能只是表现得有点害羞、怯懦。

作为成年人，我们不要强迫孩子去打招呼。成年人有时候越是希望孩子积极主动地跟别人打招呼，孩子越是抵触。

孩子融入不了集体怎么办？

当孩子上了幼儿园，逐渐产生了社会交往的需求，但有些孩子在社会交往方面的能力比较弱。3岁左右的孩子，他们在社会交往中，和小朋友们的互动还不是很多。等孩子到4岁左右，就开始懂得和其他小朋友交往了，孩子会特别想找同伴跟他一起玩游戏。

有的孩子也会暂时地表现出害羞和孤僻，特别是从其他幼儿园转过来的孩子，一直无法融入新的班集体，他喜欢独来独往，也不跟别的小朋友交流。这时候，孩子的妈妈就会表现得焦虑不安，担心孩子的性格有问题。

孩子的性格是与生俱来的，不是父母能够彻底改变的。 在我看来，父母或者老师不能一味地强求孩子要性格开朗，快速地融入集体。我们不能强迫孩子和其他小朋友一起玩，这样孩子无法享受游戏的乐趣。每个孩子都有差异。有些孩子可能交往能力发展比较迟缓，或者性格比较内向，这些都是正常的。**我希望父母们明白，**

不要干涉孩子的成长，应该抱着一个自然的心态去教育孩子。

让孩子顺其自然地成长，并不代表不关注孩子的成长，而是在旁边静静地观察，只要孩子没有遇到很大的危险，没有伤害到别人和破坏周围的环境，父母就应该允许孩子自然地成长。

Chapter 4

正面回应永远胜于负面说教

大吼大叫,容易让孩子变得怯弱、自卑;温和而坚定地说话,亲子关系才能更加亲近。

如果父母不会好好说话，
那教育会变成一种伤害

● 跟孩子沟通时，要用平和、商量的语气

很多父母经常对我说，他们忍不住会对孩子发火、大吼大叫。父母语气中暗含的威胁，会令孩子感到无比恐惧，孩子往往会表现出暂时"听话"。

父母大吼大叫的教育方式，只会让孩子的注意力集中在吼叫上，而不会关注到自己的行为本身，所以吼叫并不能改善孩子的行为。

父母教育孩子初衷，不是为了让孩子伤心、难过、焦虑和恐惧，但最终的结果往往是这样的。

父母必须停止无意义且伤人的大吼大叫的教育方式，学习如何与孩子好好说话。

大吼大叫对孩子的伤害

父母经常对孩子大吼大叫，容易让孩子在心理上变得怯弱、自卑，这样的父母不懂得好好说话，不了解好好说话背后的意义是什么，他们也不知道与孩子平等地沟通、尊重孩子的重要性。其实这样的父母，表面是教育孩子，内心是把自己放在权威的位置上，希望孩子服从。如果孩子没有按照父母的意愿行事，父母就认为孩子不听话，于是想方设法地管教孩子，而不是尊重孩子的想法。

有些父母不懂得控制自己的情绪，常常把指责、命令、抱怨这些负面情绪传递给孩子。孩子在这样的环境中成长，就会感到一种负罪感。虽然父母严格的管教方式使孩子服从了，他们以为这样教育孩子就取得了成效，但这只是表面上的成效，孩子的心里并没有真正地认可父母。

父母对孩子发脾气，实际上也是一种无能的表现。父母认为，已经给孩子讲清楚道理了，孩子应该能听懂，但是孩子仍然不知错，这时父母就会感到气愤，内心产生挫败感。**其实，每个父母都应该知道，我们不必让孩子必须按照我们的要求行事。**当我们能够理解这些，或许就能学会控制自己的情绪。

父母教育孩子，一定要从好好说话开始。有些父母确实应该自我反省，为什么不会和孩子好好说话呢？我经常和老师们说："认可孩子、尊重孩子，要从好好说话开始。尊重孩子就是凡事和孩子一起商量，征求孩子的意见。即使孩子错了，我们也尽量不要严厉地批评他，而是引导孩子，让他知道怎样做是正确的，这是我们作为教育者必须要做的事情。"

如果父母坚持以粗暴、强硬的方式管教孩子，那么一定会对孩子未来的成长造成影响。等到孩子长大后，即使他能够原谅你，与父母和解，他也会经历很长时间的内心挣扎。在这段时间里，孩子的内心是痛苦不堪的，他需要不断地接纳过去、接纳这个家庭，才能达到和解的状态，才能调整好自己的心理状态。

尊重孩子，及时地回应孩子

我们都知道，也在反复地强调要尊重孩子，但是如何做到尊重孩子呢？在现代教育中，父母和孩子是平等的。尊重孩子，就是把孩子当成你的同事、你的朋友。你同孩子采取高高在上的方式说话，那孩子会跟你做朋友吗？

父母有时候觉得孩子很烦，孩子时不时地打扰我们，我们可能认为有时候不需要回应孩子，这就体现出对孩子的不尊重，但是父母从来意识不到。小朋友们经常见到我就喊道："园长！"我听见孩子们叫我园长，他们稚嫩的声音里充满对我的信任，我感到特别开心。

我连忙回应道："孩子，你需要帮忙吗？"我觉得回应就是对孩子的尊重。跟孩子沟通时,用平和、商量的语气,而不是命令、指责的语气,这种表达方式不仅能让孩子感受到父母的尊重,体会到家庭的民主,还能让孩子乐于接受。

正面管教,才能帮助孩子成长

当我没进入幼教领域时,我没有意识到正面管教的重要性。我们应该如何和那么弱小的孩子平等地交流呢?后来,我们发现,孩子成年后的很多问题,都是年幼时就埋下了种子。

父母对孩子说教,不了解孩子的生活以及他内心真实的想法,只会让孩子感到父母对他不关心和冷漠,久而久之就对父母关闭心门。青春期的孩子,有很多自己独特的想法。孩子觉得父母不理解他们,所以他们不愿意和父母交流。我记得,在我女儿小的时候,她有时候跟我说话,我的脑子会放空,没有认真地倾听。孩子抱怨过几次:"妈妈,你在想什么呢?你在听我说话吗?"

后来，我意识到自己的问题，认真地倾听、积极地回应孩子。

我们一定要让孩子感到，我们一直是重视他的，而不是无视他。当孩子跟你说那些伤心的、不愉快的事情的时候，我们不需要过多地评论，或者帮助孩子做什么，我们只需要耐心倾听就可以。教育其实很简单，只要我们耐心倾听、积极地回应孩子，就能给孩子的成长带来正面的力量。

这些话请父母不要再说了

● 孩子在威胁式语言中成长,缺乏安全感

有些父母,经常对孩子说这些话,比如,"一切都是为了你好""你看看别人家的孩子""再不听话,我就把你送人了",这些话都是父母对孩子的抱怨或威胁。

父母对孩子使用威胁式语言,是一种低级的家庭教育方式。孩子在这种环境中成长,从小就会缺乏安全感,他会因为父母随口说的一句话,就害怕父母要抛弃他,内心没有安全感。

"你看看别人家的孩子"

很多父母,总是忍不住比较,认为自己家的孩子总是不如别人家的孩子。其实,每个孩子都有他的长处和短处,我们不要奢求孩子是完美的。如果我们总是习惯拿自己孩子的短处跟其他孩子的长处比较,只会令我们焦虑,也会令孩子自卑。更重要的是,**我们要发现孩子的长处,并且客观地接纳孩子的短处。**

每个孩子都是各不相同,就像各种各样的花儿一样,这朵花是盛开的,那朵花是含苞待放的。每个孩子都有自己的花期,有的花是红色,有的花是粉色。红色的花很好看,粉色的花也很好看,每种花都令人赏心悦目,有自己的颜色。

有些父母常常纠结,为什么自己的孩子不如别人家的孩子?在我看来,这就是在自寻烦恼。如果我们违背孩子的天性,非要去改变他,孩子会遭受很大的痛苦,也不会顺其自然地成长。

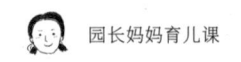

"一切都是为了孩子"的理念正确吗?

很多家长经常说:"我做的一切都是为了孩子好。"殊不知,这种语言养育出来的孩子常常是以自我为中心的。

传统的教育观念是父母要对孩子的人生负责。其实每个人都应该对自己的人生负责,孩子也不例外。在我的女儿成长过程中,我没有把她放在第一位。我认为,**每个人都有自己的人生,我做好母亲应尽的责任,给孩子提供必要的条件和环境就够了,但我不会干涉孩子的成长。**所以当我听到有些父母说"为了孩子而活着"时,比起他们的无私,我更看到他们给孩子戴上了无形的枷锁。

在我的家庭里,我从来不会对女儿们说:"你们长大以后要孝敬我、感激我。"她们也会和我顶嘴,也有叛逆的行为,但我一直坚信,孩子们有感恩之心。

经常说"一切都是为了孩子"的父母,他们希望孩子能看到自己的付出,将来懂得感恩和回报,但是这种感恩在某种程度上是对孩子的一种束缚。孩子会感恩父母,这是自然而然的事。我们养育孩子,并不是为了让孩子感恩。如果父母用自己的付出去要求孩子感恩,这本身就带有一种企图,并不是无私的爱。

我认为,每个人的人生都是自己的,我们首先不是为了别人而活,而是要为自己的人生负责。

孩子的安全感,从小事中获得

在我4岁左右,有段经历特别深刻,令我至今难忘。有一次我们从内蒙古回到山西的姥姥家,那时候经济并不富裕,村里给家家户户分柿子。我看见柿子黄澄澄,想多拿几个,但是每家只能分到一两个柿子,每个人最后只能分到一小块。我当时大声地喊叫:"我就想多要几个!"表现得有点无理取闹。姥爷一边抱着我,一边吓唬我说:"你再胡闹,就不要你了!"说完就作势要把我扔到家门口的水沟里。

我哭着和姥爷说:"我再也不敢啦!不敢啦!"我

深刻地记得当时心里的那种恐惧感,至今也会时常感到缺乏安全感。**孩子的安全感,与他的生活条件好坏没有直接关系,而要看父母有没有给予充足的心理支持。**即使孩子长大了,处于相似的环境中,也有可能再次体验到缺乏安全感。所以在孩子小时候,父母一定不要恐吓他、威胁他,这达不到教育效果,反而会给孩子的心理埋下不安的种子。

只有把孩子当作平等的人，才能做到好好说话

● 温和而坚定地说话，亲子关系更加亲近

我常常对老师们说："我们教育不好孩子，一个原因是不会好好说话，另一个原因是不会倾听。"

"成年人要像孩子那样生活，但不能要求孩子像成年人那样生存。"这句话特别打动我。自以为了不起的成年人，他们保持教育者的姿态，常常表现出狂妄自大。如果成年人学不会跟孩子平等地说话，那么就永远教育不好孩子。

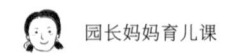

教育，是通过教育孩子让我们的内心二次成长，孩子让我们的生命更有意义。

最好的夸奖，就是有理有据地夸奖孩子

当家长接孩子的时候，我经常当着家长的面，大声地说："孩子今天在幼儿园表现很好。"把孩子一天的经历都清楚地向家长汇报。

其实，我也想把这些话说给孩子听，希望孩子明白，我对他今天的表现很满意。孩子听到后心里肯定是美滋滋的。

有时候，我们会通过第三方对孩子进行表扬，让孩子从内心深处感到他做得特别棒。**夸奖孩子不是一件简单的事，也不是随便说说而已。夸奖孩子应该是发自内心的，针对孩子具体的行为进行夸奖。**

有些家长夸奖孩子的方式很简单，只是一句："你太棒啦！"但孩子并不清楚他哪里做得好了。夸奖孩子要

具体一些，把孩子做得好的过程表达出来。父母要先描述观察到的事实，再具体指出孩子做得好的地方，最后表达赞赏的心情。

当孩子哭闹、发脾气时，父母应该怎么做？

脑科学专家认为，人的情绪主要是由大脑的前半部分来控制的，而下丘脑与情绪生理反应密切相关。为什么小孩子总是哭闹？其实是孩子的大脑还没有完全发育好，自控能力没有那么强，父母应该充分地理解孩子。

每个孩子的性格和需求是不同的，有的孩子从小喜欢哭，有的孩子却很少哭。对于爱哭闹的孩子，我们也要接纳他，不要让孩子感受到不被接纳的敌对状态。等孩子冷静下来，我们再和孩子一起谈谈他哭泣的原因。

当孩子在哭闹、发脾气的时候，父母首先应该及时地疏导孩子的情绪，帮助孩子平静下来；然后可以温和而坚定地告诉孩子，哪些是能做的、哪些是不能做的，让孩子从小就知对错。

可是在现实生活中，大多数父母对待孩子发脾气，都是采用压制的方式，这种方式通常是不能解决问题的，有时甚至还会产生严重的后果。长期被父母压制的孩子，有一个明显的特征，那就是他们都比较自卑和敏感。因为在生活中，他们的负面情绪找不到宣泄的出口，委屈得不到别人的理解。

严厉呵斥孩子，让孩子听话不要发脾气，这样只会得到相反的结果，那就是孩子逆反心理更严重，或者不再表达内心想法。父母要正确看待孩子的负面情绪，允许孩子发泄出这种情绪。然后我们要温和而坚定地和孩子聊天儿，安抚孩子、引导孩子，这样孩子才会说出自己内心的想法，亲子关系才会更加亲近。

孩子说谎时，父母应该怎么做？

对于处在幼儿园年龄段的孩子，我从来不认为他们是故意撒谎的。很多小班的孩子，他可能分不清想象和现实，会把想象中的事情说出来，但我们不能认为，这样的孩子就是在故意撒谎。

大班的孩子，他可能在做错事后不敢承担责任，会出现撒谎的行为。在孩子内心深处，他可能已经明辨是非，清楚怎么做是正确的，但他会通过撒谎来满足家长。很多爱撒谎的孩子，背后都有一个高度控制的家长，他们对孩子的管教很严厉。

在这种管教严厉的家庭中长大的孩子，往往有恐惧、自卑的心理。想要帮助这些孩子改掉说谎的行为，家长只需要给他们提供一个轻松的成长环境，让孩子敢于把事实表达出来。即使孩子做错了，也要鼓励孩子敢于表达，勇敢地承担后果。家长不要过于严肃地对待孩子的撒谎行为，特别是在孩子小的时候，越认真地对待孩子的撒谎，孩子就越不敢承认自己撒谎了。

即使孩子犯了错,
在管教时也要维护他的自尊心

● 当众训斥孩子,会伤害孩子的自尊心

我们幼儿园有个老师,有一天被孩子气哭了。孩子知道自己把老师气哭了后,在户外活动时悄悄地观察老师的情况。孩子问我:"园长妈妈,刘老师呢?"

我说:"刘老师被你气哭了。"

我接着对孩子说:"我们说个秘密,好不好?你不要把这个秘密告诉妈妈。你一会儿去跟刘老师道歉。"

然后,这个孩子就主动去找刘老师道歉了。

晚上家长接孩子的时候，班主任问我："园长，您看我要不要把这件事跟家长说呢？"

我说："我建议不要说了，孩子已经知道自己的问题了，也和老师道歉了。我跟孩子约定好了，这是个秘密。"

我们成年人都在意脸面，怕伤到自尊心，孩子同样也有自尊心。孩子的心理比较脆弱，更容易受到伤害。**我们维护好孩子的自尊心，他们才能产生积极向上的情绪，这是孩子接受教育的最佳状态。**

当众训斥孩子，只会伤害孩子的自尊心

我们经常看到在前面暴走的家长，后面跟着一个哭闹的孩子。家长在前面边走边训斥孩子，孩子在后面不停地哭闹。家长当众训斥孩子，这种方式只会羞辱孩子，伤害孩子的自尊心。

对于孩子哭闹，家长不应该只担心丢了自己的脸面

而训斥孩子,应该采取正面管教的方式,温和而坚定地与孩子沟通。当孩子犯错误的时候,虽然家长应该坚持原则,但不一定要当众训斥孩子。家长可以告诉孩子,这件事情是可以做的,那件事情是不可以做的。这样既维护了孩子的自尊心,又坚持了自己的原则。

批评不是否定孩子,而是让孩子明辨是非

父母不要认为孩子做错了,就可以不停地批评他、打击他。**批评的目的不是全盘否定孩子、打击孩子,而是让孩子明辨是非。**

不要孩子犯错误了就好像抓住他的"把柄",批评他、指责他,不给他解释的机会,这样孩子无法真正地认识自己的错误。

试想一下,是不是别人越相信你、肯定你,你就越想要好好表现?孩子也是如此。**你越相信他、肯定他,越能激发他内心深处的力量,他才能变得更好。**如果我

们总是怀疑他、否定他,他就会放弃自己,失去前行的动力。

所以,当孩子犯错误的时候,并不是教育的最好时机;当孩子表现好的时候,大声地肯定他、表扬他,然后孩子感觉到自己被认可了,他就会朝着这个方向积极去发展。

理解孩子的心情，培养他的情感表达能力

● 允许孩子表达情绪，学会共情

孩子爱哭，这不是他的缺点，而是一个特点，也是情感的表达。我们的幼儿园里也有不少孩子爱哭，老师经常看见他们因为一点小事而哭哭啼啼，看着特别委屈。孩子爱哭，是他内心深处敏感、脆弱的表现。作为父母，我们要走进孩子的内心世界，读懂他的情绪，并尽量满足他的情感需求。我们应该让孩子表达出来，不要去责备孩子。孩子总有一天会停止哭泣。

哭是一种表达方式，也是一种正常的行为

很多刚入园的孩子都很爱哭，这是为什么呢？是因为他们想要找妈妈，不想和妈妈分开。老师温柔地对孩子说："如果你心里想妈妈，你可以哭一会儿。"而不是责备孩子说："你为什么还哭？""别哭了。"

当孩子哭闹的时候，很多家长都会抱怨，为什么孩子总是哭？其实，有的孩子是通过哭闹来表达自己的焦虑不安。我们可以允许孩子发泄情绪，不要听见孩子哭，就以为他一定受到很大的委屈，也不要把孩子的哭与无能、缺乏自制力相关联。

哭泣是正常的行为，当孩子的语言能力没有完全发展，哭泣是他的一种表达方式。我们要允许孩子表达他的难过，这对孩子的幼儿时期乃至整个人生都有积极的作用。

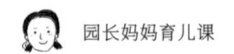

孩子哭闹有情绪时,家长要学会去共情

共情并不是给孩子讲道理,而是让孩子知道,我们能够体会他的内心感受,能够了解他正在面对的问题,与孩子在情感上达成共鸣。共情是当发现问题的时候,跟孩子一起面对,让孩子感受到你的陪伴,从而更加有信心去解决问题。

共情不是反复地询问孩子,"为什么会发生这件事?""你接下来打算怎么做?"孩子想要听到的不是家长的责问,而是能感同身受地理解他的情绪。理解孩子的情绪,甚至帮助他表达出内心的感受,这样才能缓解孩子的负面情绪,呵护孩子的成长。如果孩子在伤心地哭,你觉得哭泣就是软弱的体现,这就没有做到很好的共情。

当孩子哭闹时,我们首先要认同孩子的伤心和难过,这就是共情的开始,这是十分重要的。但是我们很多时候会表现得很冷漠,觉得孩子太软弱、没出息。其实,即使是成年人,也有情绪低落的时候,渴望得到别人的理解和安慰。所以,当孩子有情绪的时候,父母不妨学会换位思考,和孩子谈谈他哭闹的原因,尽力平复他的情绪。

好好说话,孩子才能听进去

● 想要让孩子听话,要多肯定他、接纳他

当孩子犯错误的时候,我们既要坚持原则,又不能以强硬的方式教育孩子。我们可以温和而坚定地告诉孩子,这件事是绝对不可以做的。

有一天接孩子的时候,有个妈妈发现孩子手里拿了幼儿园的玩具,妈妈让孩子必须把这个玩具送回去,但孩子站在那里,不想送回去,这对母子一直僵持不下。

这位妈妈特别正直,她不允许孩子把不属于自己的东西拿回家。我理解妈妈的想法,她认为这是原则性的问题,不能让步。孩子其实也明白,因为妈妈已经告诉他这件事情是错的。我们要不要在这个时候跟孩子僵持，让孩子把玩具送回去呢？

我认为，每个孩子都是有自尊心的。虽然孩子的年龄小，但是他也会觉得当时送回玩具很没面子。当这位妈妈告诉他拿幼儿园的玩具是不对的，不妨让孩子做个选择，他是要今天送回去，还是要明天送回去呢？

这样做既维护了孩子的自尊心，又坚持了原则。父母跟孩子较劲，无法实现让孩子改正错误的行为，实际上是父母感觉权威受到了威胁，所以会很生气。但只有父母和孩子好好说话，凡事和孩子一起商量，问题才能尽快解决。

只有被别人体谅过，才能体谅别人

教育孩子最好的时机，不是孩子做错事的时候。家长应该抱有同理心，抱着与孩子共同承担责任的心态。比如，你可以这样说，"妈妈小时候也犯过这样的错误"，那么孩子可能心里就会放松下来，冷静地思考自己的错误。

当孩子感到难过或者受到伤害时,最不想听到的就是父母的建议和大道理,那样只会让他感觉更糟糕。

父母有时候跟孩子发生冲突,其实是父母没有很好地体谅孩子的感受。共情就是感同身受、换位思考。父母在教育孩子的过程中,能体谅孩子的喜怒哀乐,孩子将来也会体谅别人的喜怒哀乐。

重视孩子的感受不等于溺爱孩子

长辈在带孩子时,常常对孩子宠爱纵容。当孩子摔倒后,长辈的反应往往是一边踢桌子或者踢地,一边会说:"都怪桌子挡住你了。""就怨这个地不平。"这种做法其实是为孩子的不小心推卸责任。

还有些长辈会说:"站起来,没关系,不疼。"你怎么知道孩子不疼呢?这种做法的不当之处在于否定了孩子自己的感受。这是两种极端的回应方式,在这两种环境下成长起来的孩子，容易产生两种心理倾向：一种是推卸责任，另一种是缺乏共情能力。

父母无条件的爱和关注能满足孩子的情感需求，给孩子挑战困难的勇气，但重视孩子的感受不等于溺爱孩子。如果孩子只是轻轻摔倒，并且也没有哭闹，那么父母可以先关心孩子的感受，等孩子的情绪缓和以后，再跟他说今后应该如何注意，才不会轻易摔倒。

父母会说话，教育孩子就成功了一半

有些妈妈很苦恼，孩子怎么听不懂我说话呢？那么，孩子愿意听你说的话吗？在我看来，父母不会说话，孩子当然听不进去。如果父母会说话，基本上教育孩子就成功了一半。想要让孩子听话，就要多肯定孩子、接纳孩子。有时候批评孩子不代表要全盘否定孩子的行为，而是要教孩子明辨是非。合理的批评，就事论事，能够帮助孩子建立是非观。

Chapter 5 / 中国家长常见的疑问

我希望每位父母都允许孩子成长为自己想要的样子，让孩子决定自己的人生，这样才会成为独立的个体，而不是别人的复制品。

> **Q**
>
> 新生入园一般要准备什么?

A

在新生入园前,我们会和家长进行一次面谈,提醒孩子入园的注意事项。比如,在接送孩子的时候,让和孩子不太亲密的家长来接送,这样就可以尽快摆脱分离焦虑;允许孩子带一些喜欢的玩具来幼儿园,以便更好地适应入园。

孩子在入园前,出现哭闹,是很正常的现象,父母不必为此过于担心。

与小学阶段相比，幼儿园给孩子营造的是比较轻松的、自由的环境。在入园前，父母要尽量让孩子在心理上有一个过渡，不要让孩子感觉到上幼儿园是紧张的、有压力的。只有父母自己感觉轻松，孩子才会感到轻松。刚入园的孩子，就像刚刚给他"断奶"一样，我们在刚开始时看见孩子哭，心里感到很难受，但是逐渐地，孩子就会适应上幼儿园了。对于孩子来说，父母只要给他一个认知，你必须去上幼儿园，孩子会开始学习适应，认为去幼儿园是一件平常的事情。但是，父母最好以轻松的方式和孩子沟通，不要让孩子感觉到你在强迫他去幼儿园，也不要以说教的方式让孩子去幼儿园。

> **Q**
>
> 孩子转园后,
> 如何更好地适应幼儿园生活?

A

对于转园的孩子,我们会例行询问家长,为什么要给孩子转园。我们发现,有些家长对幼儿园教育没有一个正确的认识。有的家长说,之所以给孩子转园,是因为对上一所幼儿园不满意。在我看来,孩子不可能生活在完美的环境中,教育也不可能是完美的。当孩子遇到问题时不要逃避,我会建议家长多和老师沟通。

作为老师，我们首先欢迎孩子们来到我们的幼儿园，然后尽最大努力去认可和照顾每个孩子。无论怎样，老师们始终会接纳孩子，让孩子感受到我们的关爱，这是非常重要的。

幼儿园的首要目的是教育，当我们明确了目标后，就要尽可能地让孩子感觉到被接纳，让孩子在短时间内融入新的集体。

> **Q**
>
> 孩子不想去幼儿园,
> 怎么办?

A

孩子不想上幼儿园,这是一种普遍的现象。有的孩子会说小朋友欺负他,或者与小朋友有矛盾。还有的孩子会说老师对他不好……孩子们可能只是找一个借口,其实真正的原因在于分离焦虑。

大多数刚入园的小朋友,都会有分离焦虑。一旦进入幼儿园,他发现这个环境并不像他想象得那么可怕,同时老师采取恰当的方式缓解孩子的焦虑和紧张,孩子的分离焦虑渐渐就会消失。

父母可以每天早上送孩子上幼儿园，下午亲自去接孩子放学，这样孩子就会觉得父母对他的爱没有减少。父母可以和孩子说："你乖乖的，和小朋友们玩一会儿，等下午放学我就来接你了。"这样不仅能减少孩子的焦虑，而且会对放学这个时间充满期待。

孩子刚去幼儿园的时候，往往会有害怕的心理。**父母在这时应该多鼓励孩子、肯定孩子，让孩子明白，去幼儿园能够认识更多的朋友，唤起孩子对幼儿园生活的向往，帮助他们更快地适应上幼儿园。**

> **Q**
>
> 孩子害羞、认生，怎么办？

A

对于害羞、认生的小朋友，我一直向老师们传递一个思想：我们首先要接纳孩子，给孩子宽松的环境，让孩子自然地成长。孩子在成长的过程中充满安全感，就没有畏惧心理；还要鼓励孩子积极地表达，但不要去强迫他。

我一直提倡，父母不要刻意地对孩子施加影响。比如，有些父母会要求老师，鼓励孩子多发言。他们会说:"我们家孩子胆子小、不爱发言,请老师多关注孩子,给孩子创造表现的机会。"在我看来,这是人为地控制孩子。我们要抱着自然的心态教育孩子,不要过多地干预孩子。**尊重孩子的性格发展,接纳孩子的天性,这是每个家长都应该做的事情,也是我认可的教育理念,"教育是无痕的"**。从长远来看,我们刻意地强加给孩子的东西,不利于孩子的成长。

> **Q**
>
> 孩子哭闹要买玩具,
> 父母应该满足吗?

A

有一次放学,我看见幼儿园门口有小商贩卖玩具,一个男孩高兴地跑过去,求着让妈妈给买一个玩具,那位妈妈说:"等你过生日的时候再买,行吗?"孩子哭着说:"不行,等过生日的时候这个玩具就卖完了,拜托你现在给我买吧!"我静静地在旁边观察妈妈的反应,那位妈妈笑着说:"好吧,那等你过生日,我就不买其他礼物了哦。"孩子点点头,答应了。

有的孩子喜欢用哭闹的方式,希望父母满足他们的要求,比如买玩具、玩游戏。**我认为,父母应该尽可能地满足孩子的合理需要,但是对于孩子不合理的要求,最好和孩子一起商量、约定。**

有时候父母会认为,满足孩子的要求,就是溺爱孩子。父母当然可以满足孩子的合理要求,但是对那些无理的、过分的要求,我们也要坚定地告诉孩子:"抱歉,我不能满足你的这个要求。"虽然孩子可能会发脾气,但我们可以等孩子冷静下来时,告诉他为什么不能满足。

> **Q**
>
> 孩子不分享玩具，
> 怎么办？

A

教孩子学会分享，不是说强迫孩子去分享。我不主张强迫孩子分享，尤其当孩子两三岁的时候。有些父母认为，不会主动分享的孩子，就是小气的、自私的。当孩子形成自我意识之后，他会认为玩具就是属于自己的东西。孩子不是不懂得分享，而是还没有成长到会主动分享的年龄段。

不管是孩子的玩具，还是他的书本，都是他自己拥有的物品，孩子会逐渐建立"所有权"的概念。但如果父母强迫孩子分享他喜欢的物品，反而会使孩子变得更加自私。因为孩子通过父母的强迫行为，更加意识到了喜欢的物品的重要性。父母可以在日常生活中以身作则，多做出分享的行为，给孩子做榜样，也可以做一些"分享"的游戏，让孩子体会到分享的乐趣。孩子会渐渐明白，分享并不是一件坏事。

> **Q**
>
> 孩子被其他小朋友抢玩具，怎么办？

A

我们幼儿园曾发生过一件事，明明向老师告状："小强抢走了我的玩具。"然后老师就问小强："你是不是抢他的玩具了？"小强说："我没有抢。"实际上他的确抢了明明的玩具。老师严厉地说："那我要看看监控，你到底抢没抢。"小强反应非常快，说："我抢了。"

老师转过头来问明明："他抢了你的玩具，你应该怎么办呢？"

老师慢慢地询问明明,他很胆小,怯生生地说:"我要跟小强说,你不能抢我的玩具。"他表现得非常好。

老师又让抢玩具的小强道歉,明明也接受了他的道歉,并说"没关系"。

所以,父母和老师一定要教孩子独自面对矛盾和冲突,这样无论他的性格是否胆小,内心都是坚强的、勇气十足的。

孩子坚强的内心,就是通过小事培养的。如果成年人第一时间冲到孩子前面,替孩子去解决问题,那么孩子还能学会坚强吗?

> **Q**
>
> 孩子打了别人,
> 父母应该怎么做?

A

当孩子打了别人,父母能做的,就是让孩子和你一起面对问题,承担错误行为的后果。需要提醒的是,我们千万不要说"孩子小""不懂事"等,这样的做法是不妥当的,还可能会激怒对方。

家长可以和孩子一起向对方道歉,减少对方的不满情绪,这样更容易得到对方的理解和谅解。

有些家长会感到特别内疚,他们担心是不是自己没把孩子教育好。实际上，孩子的攻击行为，可能是家庭关系不和谐导致，也有可能是孩子缺乏安全感，自我保护的方式之一，但这种攻击行为不会一直持续。

很多家长通常采取说教、讲道理的方式，甚至会惩罚孩子，但是这些不恰当的做法反而会强化孩子打人的行为。孩子有时候并不能完全理解家长讲的大道理，尤其是年龄小的孩子，跟他讲太多的道理是无效的。

那么父母应该怎么处理呢？

孩子打人后，应该第一时间把他抱离现场，不管他如何发脾气，父母都不要回应。这时候父母要冷静地等待，等孩子情绪稳定以后，再告诉他"不可以打人，你打小朋友他会疼"，只需要这样简单地告诉孩子不可以打人，要向对方道歉。

> **Q**
>
> 孩子在幼儿园被小朋友打了，怎么办？

A

如果孩子在幼儿园被小朋友打了，孩子之间发生了冲突，那么家长应该怎么办呢？是让孩子打回去，还是不打呢？

如果你的孩子天生胆小，你让孩子打回去，他会这样做吗？显然，大多数孩子是不会打回去的。

那么，经常打人的孩子，老师和家长告诉他"你不能打人"，这个孩子以后就不打人了吗？事实上，这也是没有用的。

父母要注意的是,你不要替孩子出头,也不要给孩子"打或不打"的建议。

那么,我们该怎么办呢?尤其是对于胆小的孩子,如何去引导他呢?

发生这类事情的时候,我们首先要平静地倾听。当孩子跟你说这件事时,你首先要耐心地倾听,然后询问别人是如何做的,他又是如何应对的。父母要适当地放手,培养孩子独立解决问题的能力。最后,引导孩子思考还有哪些解决方法。我们可以说:"你是怎么想的呢?""你该怎么办呢?"

引导绝对不是我们教给孩子怎么做,也不是直接给他一个答案,而是用温柔积极的方式让孩子做出正确的选择。

> **Q**
>
> 孩子被打了,
> 还要不要让他跟对方玩?

A

幼儿园里经常发生这种现象,前一分钟孩子打成一团,家长们也因此吵起来,但后一分钟孩子们又玩到一起了,家长们顿时感到很尴尬。

尤其是被欺负的孩子,父母告诉他"别再跟那个小朋友玩了",但是孩子依然想要跟他玩,这是为什么呢?

其实,孩子根本没有欺负和被欺负的概念。欺负与被欺负都是我们成年人的思想。**父母要尽量减少干预孩子们的"打架",让孩子们自己去解决。**父母一定不要在第一时间跟孩子说"你受欺负了""你被欺负了",不要向孩子传达这种弱者的心理。

在校园霸凌中,被欺负的孩子大多会露出胆怯的眼神。为什么在幼儿园阶段,我们不要给孩子灌输被欺负的概念呢?父母不要剥夺孩子"打架"的经验,我们应该让孩子学会坚强地面对问题,这样他以后才不会畏惧,才会变得更勇敢。

Q

为什么有的孩子说话晚?

A

不是所有的孩子都会在同一个年龄段学会说话,有的孩子说话比较晚,而有的孩子可能在语言方面发育快,所以很早就会说话。**其实,说话晚也是正常的,每个孩子都有自己的成长速度,父母不必为此担心。**

也许有一天,孩子可能突然就开口说话了。所以家长不用与别人家孩子比较。当然,家长也需要了解其他孩子发展的程度,了解自己孩子的发展水平。

我们幼儿园里有一个孩子，直到两岁半，他还只会叫爸爸、妈妈、阿姨。孩子性格内向，平时不愿意说话。孩子的妈妈为此焦虑不已，带他去医院检查。医生说孩子的生长发育没有问题，建议家长多给他创造语言学习环境，多和他交流互动。3岁的时候，孩子就像打开身上的语言开关一样，他的表达欲望越来越强，变成了"小话痨"。有的孩子语言表达发育比较迟缓，就像是有一个开关暂时没有打开。**家长可以多给孩子提供丰富的生活体验，多陪伴孩子，多和孩子交流，促进语言的发育。**

每个孩子都有自己的花期，每种花的花期都不相同，有的花是春天开，有的花是夏天开。孩子的发展也是一样的，有的孩子在2岁的时候就能流利地表达，还有的孩子直到6岁才会完整地表达，我们应该尊重每个孩子的成长规律，让孩子慢慢地长大。

> **Q**
>
> 孩子不爱吃饭,
> 怎么办?

A

我们幼儿园有一个小女孩,刚来时,老师一说"吃饭",她就捂嘴;一说"喝水",她也捂嘴。

我猜想,这种情况肯定是与父母在家里每天给孩子喂饭、喂水有关。

有一天,小女孩的妈妈询问老师:"我的孩子不爱吃饭,你们为什么不喂她?"我非常严肃地对她说:"如果你希望我们按照你的方式去喂养孩子,那孩子就永远不会改变。"

然后,我问她:"你愿不愿意信任我们,帮助孩子改变呢?"其实,我不忍心责备这位妈妈,因为我能看出来她养育孩子非常疲惫。

对于孩子不爱吃饭这种情况,偶尔让孩子挨饿是比较有效的办法。人在饥饿的状态下吃饭,吃起来就特别香,那是因为你有饥饿感。**如果我们不忍心让孩子挨饿,孩子就永远体会不到饥饿感,那么他对吃饭就没有兴趣和欲望,感觉不到食物给他带来的美好体验。**

后来,老师激动地告诉我:"园长,我们班那个吃饭困难的孩子终于'开窍了',我没有给她喂饭,也没有强迫她吃饭,她看见小朋友们大口大口吃饭,自己也吃得很香!"

> **Q**
>
> 孩子挑食,
> 怎么办?

A

孩子挑食,可能有时候是一种本能的习惯。孩子有喜欢吃的食物,也有不喜欢吃的食物。有些家长会很在意孩子挑食,但是我认为,我们越关注孩子的挑食问题,孩子越难以改变。

但是,很多时候父母还是为孩子的挑食问题而苦恼不已,其实这跟自然的养育有很大的关系。在食物匮乏的年代,为什么孩子不挑食?这是因为饿,身体需要。

现在的孩子为什么爱挑食？可能是他本身不饿，或者是他身体里的营养并不缺乏，父母不必为此焦虑不安。

有些家长希望幼儿园老师能帮助孩子改掉挑食的问题，他们经常跟我们的老师说："我家孩子爱挑食，您多关注一下吧。"家长跟我说的时候，我认为这不是一个严重的问题，我会耐心地和家长说："每个孩子生来喜好各不相同，我们要尊重孩子，不强迫、不急躁，顺其自然地应对。"

> **Q**
>
> 孩子太调皮,
> 怎么办?

A

家长们经常会问我:"园长,我的孩子太调皮了,我管不住了,该怎么办?"

我告诉家长们:"孩子的调皮和不听话不是问题,只是他精力太旺盛了。"

如果孩子到了20岁,他还会调皮吗?精力旺盛的孩子特点就是好动,如果我们强迫孩子让他安静,坐着不动,这对孩子是一件好事吗?

对于好动的孩子，我会建议老师，适当的时候吸引他过来配合你。比如，一些集体教学活动或游戏，引导孩子一起参与进来。

当孩子愿意服从、配合你时，首先是孩子发自内心的。孩子必须服从老师的命令，我不太赞成这种观念，也不会用这种标准去衡量孩子。

如果孩子不听话，有可能是成年人没有好好说话，或者孩子对某个话题不感兴趣。

听话的孩子不等同于就是好孩子。如果我们想让孩子总是听话，就会出现问题；如果我们因为孩子不听话就焦虑不安，那么问题不在孩子身上，而是在我们身上。

> **Q**
>
> 孩子学英语,
> 越早越好吗?

A

孩子从小接触英语,是有好处的。但如果你让三四岁的孩子花很多精力去学英语,是没有太大必要的。

学习英语和学习艺术一样,是对大脑潜能的开发,可以帮助刺激孩子大脑的语言区。如果通过削弱孩子其他方面的发展,或者占用孩子大量的时间和精力去学习英语,则不利于孩子的全面发展。

幼儿园时期是孩子语言能力发展的重要阶段。我认为,对于幼儿园阶段的孩子来说,母语的发展是最重要的。

如果我们想让孩子在英语学习上呈现出一个好的成果,势必会压缩孩子在其他方面的时间,比如运动时间、休息时间等。孩子往往在学习英语的同时,还要参加其他活动。如果父母希望孩子能全方面发展,孩子就要拿出大量的时间和精力,这就会让孩子感到筋疲力尽。

> **Q**
>
> 孩子爱看电视、玩手机，父母该如何管教？

A

我知道很多家庭，家里就没有电视，在孩子面前家长也不拿出手机。这样的家长特别懂得自我管理，他们认为过早地接触电子产品确实对孩子不利。如果我们成年人能够做到良好的自我管理，那么孩子就不会受到影响。

我认为，如果家长做不到拒绝使用电子产品，可以适当地让孩子接触，毕竟电子产品是这个时代的产物，我们不能让孩子完全避免接触。但有些家长，比如在孩子吃饭的时候，把手机放在孩子面前，或者当孩子不听话的时候就打开电视。这种做法只能让孩子暂时听话，并不是长久之计。**只要孩子没有到痴迷电子产品的程度，就可以让孩子稍加接触，了解手机的基本操作，这对孩子的将来也是有好处的。**

> **Q**
>
> 被干预、控制的孩子会怎么样?

A

我们经常听到父母说:"我们家的孩子太不自觉了,我得好好管教他。"父母总觉得孩子要从小好好管教,管教孩子是他们的责任。可实际上呢?是父母不相信孩子自己能顺利成长。如果孩子有成长的内在动力,每个孩子都能顺其自然地成长。

当孩子还是小婴儿的时候,我们能明显地看到孩子在身体上的成长,孩子会逐渐学会走路、跑步。这种外在的成长是显性的，其实孩子内在的精神、思想也是同步成长的。但是为什么很多孩子后来缺乏自驱力？那是因为父母干预了孩子的成长，破坏了孩子内在的动力，所以孩子误以为成长不需要内在的动力，只需要依赖于父母给的外在的动力。

有的父母说："孩子的自觉性是天生的。"我觉得缺乏自觉性的孩子，还是父母管教得太多，导致孩子的自觉性没有充分地发展，不会自我成长。**我们应该让孩子自己决定自己的人生，书写自己的人生，这样才会成为独立的个体，而不是别人的复制品。我希望每位父母都允许孩子成长为自己想要的样子。**

> **Q**
> "二胎家庭"两个孩子吵架,怎么办?

A

对于"二胎家庭",父母千万不要经常说"你是哥哥/姐姐,应该让着弟弟/妹妹"。**如果父母想要更加关注某个孩子,其实应该多关注老大,而不是老二,这样大孩子自然就懂得让着弟弟或妹妹了。**

有段时间,我的两个孩子经常发生冲突,我发现小女儿经常告状,她越告状,大女儿越不让着她。

后来,我尝试不再介入两个孩子间的冲突,不再替小女儿说话，也不再评判谁对谁错，结果大女儿也渐渐懂得让着小女儿，小女儿也不再告状，两个孩子之间的冲突明显减少了。

实际上，这是两个孩子在争夺父母的爱。当父母为其中一个孩子"打抱不平"时，另一个孩子心里肯定不服气，更容易产生不满的情绪。孩子们的事情应该交给他们自己去解决，因为父母不可能永远保护孩子。

> **Q**
>
> 父母为什么控制不住对孩子发火?

A

很多父母经常跟我说:"我总是忍不住对孩子发火,忍不住大喊大叫。"实际上,并不是因为孩子犯了严重的错误,或者孩子有问题,而是因为我们父母本身有问题。

其实,在教育孩子的时候,我们应该更多地关注教育者的心理问题。

由于性格的缺陷,原生家庭成长经历中的创伤和阴影，以及日常生活、工作中的压力导致很多年轻的父母不能心平气和地教育孩子。

所以，父母需要深刻地反思，为什么总是忍不住对孩子大喊大叫？怎样不让孩子的情绪影响到你？当你发现更深层次的原因，就能够减少对孩子发火的次数。

> **Q**
>
> 父母如何给孩子安全感?
>
> **A**

安全感对于孩子的成长非常重要。**父母能给孩子的最大的安全感,就是让孩子接纳自己。**但是,父母常常会给孩子负面的评价,或者无意识地敷衍孩子,这些都会让孩子找不到安全感。

孩子的不安全感,是从内心深处发展出来的,尤其是经常被父母否定的孩子,他们的内心往往特别缺乏安全感。父母要多包容孩子,做孩子最大的支持者。如果孩子犯了错误，父母能够给孩子有力的支持，而不是不停地责备他，孩子就会觉得他的背后永远有父母和他站在一起。

如果父母经常指责孩子、否定孩子，孩子就会逐渐变得不自信。如果父母总是帮助孩子做决定，不让孩子自己去尝试，那么孩子凡事只会依赖父母，体会不到成功后的喜悦和成就感。**孩子的安全感，很多时候都来自自身，而不是来自外界。**

此外，孩子必须要有足够的成就感，因为成就感会给孩子带来安全感，让孩子相信自己有能力应对人生中的各种挑战。这种安全感比外界对孩子的夸奖或者奖励，更为结实和可靠。

> **Q**
>
> 怎样培养孩子的独立性?

A

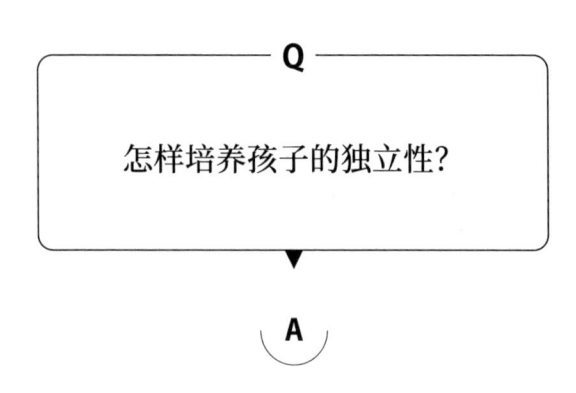

很多家长担心孩子会遇到各种危险,不敢放手让孩子做事情。其实,我还是建议家长们,要从小事上开始放手,让孩子慢慢地去尝试。有些孩子,即使上了小学,也不会整理书包,甚至不会自己穿衣、吃饭,根本不能照顾自己基本的生活。这样的孩子,虽然可能学习成绩优异,父母也引以为傲,但是他在生活方面的能力特别差。

还有些孩子,虽然学习成绩可能不理想,但是在生活中处处表现得独立自主、自理能力特别强,这样的孩子也会得到别人的肯定和欣赏的目光,他们会因此建立强大的自信心,成长得越来越好。

如果家长能在安全的环境中,鼓励孩子多尝试和探索,就会培养出孩子的自主性和独立性。学会放手,不干涉孩子的决定,培养孩子独立思考和自主学习的能力,这是每个家长的养育任务,也是孩子成长的原动力。

> **Q**
>
> 怎样培养孩子的自控力？

A

因为孩子的年龄小，他对情绪控制的能力不太强，所以常常通过发脾气、哭闹来达到目的。不过，随着孩子年龄的增长，慢慢就能形成很强的自控力。**作为父母，我们这时候应该告诉并且让孩子感知到，对于不合理的需求，即使你发脾气，也是没办法满足的。**这样当孩子长大后，他就会用正确的方式去表达自己的需求。

当孩子发脾气的时候，父母要保持清醒的头脑。很多时候，长辈们容易溺爱孩子，只要孩子一发脾气，他们就手足无措了，然后满足孩子很多无理的需求。在这样的教育方式下，孩子可能永远学不会明辨是非。还有些孩子，他们从小就很乖。父母在旁边细声地给他们讲道理，孩子很自然地就接受了。在我看来，这样的孩子在情绪管理方面有很强的基因。

有的人确实天生自控能力强，还有的人自控能力弱一些，这和性格、基因都有一定的关系。有的孩子轻松完成的事情，其他孩子很难完成。我不是建议家长们在孩子之间做比较，或者反思自己的教育方法不得当，而是希望家长们保持接纳孩子的心态。**无论孩子的自控力强弱，我们都应该接纳孩子；接纳孩子的情绪，理解孩子的感受，是培养孩子自控力的第一步。**

Chapter

6

好的教育是陪孩子一起成长

教育孩子,也是教育自己的过程。

好的教育是在潜移默化中影响孩子的成长。

好的教育是无痕的

● 最好的教育一定是轻松的、愉快的,没有任何痕迹的

有的父母询问我,孩子内向怎么办?

内向是孩子与生俱来的特质,为什么父母会认为这是孩子的问题呢?父母想要把孩子变成什么样子,才会对孩子满意呢?

如果上天给你一个内向的孩子,你会觉得外向的孩子好;如果上天给你一个外向的孩子,你又希望他是内向的、听话的。父母究竟想要怎样的孩子呢?

父母不要总是想着改变孩子，每个孩子都是最特别的礼物。你要珍视他、发现他身上的优点，然后去欣赏他、肯定他。如果你总想要改变孩子，你可能会让孩子失去他原本的样子，从而失去自我。

教育最大的误区就是刻意规划孩子的成长路线

你不要希望原本是一棵萝卜，却努力想把它变成一棵人参，那是不可能的。教育最大的误区就是想把萝卜变成人参。

为什么我们常常把老师比作园丁？其实教育就像耕耘一样，教育者给孩子施肥也好、浇水也好，都是为了让孩子更好地生长。如果我们允许孩子按照自己的方式成长，表现出自然的、本性的特点，那么教育就是成功的；如果我们要求孩子按照我们所规划的方式成长，那么教育就是失败的。

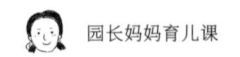

成长就是一件很自然的事情,父母不必刻意地为孩子规划成长的路线,应该允许孩子自然地成长。

教育能做的就是引导孩子成长

孩子并不附属于父母,父母不要把对孩子的影响看得太重,或者总认为自己才是正确的;父母只有不把自己当成绝对的权威,才能发现孩子身上的闪光点,那些闪光点有可能是父母身上没有的。

很多时候,父母付出了努力和辛劳,却没有成功教育孩子。即使掌握了先进的教育方法,没有具体的落地措施,也不一定能给孩子带来完美的未来。

父母不要想着去塑造孩子,而要去积极地引导孩子,让孩子释放自己与生俱来的天性和力量,这就是最好的成长方式。

好的教育是无痕的

有时候,教育的痕迹太重了,对孩子而言是一种伤害。

很多父母往往打着"我为你好""我要好好教育你"的口号,希望孩子能理解他们,能学会感恩。其实很多时候,父母意识不到,这对孩子是一种伤害。

我们一直说重视教育,可有时那些采取"无痕教育方式"的父母,反而更加能帮助孩子成长。

最好的教育一定是轻松的、愉快的,没有任何痕迹的。父母彼此相爱,他们尽可能地陪伴孩子,陪孩子看书、爬山,这些生活中的点点滴滴都会深深地滋养孩子,教育孩子。

教育的最高境界是无痕的。没有任何痕迹,在潜移默化中影响孩子的成长。

孩子是父母的复制品

● 父母先做好自己，再教育好孩子

我小时候经常看见母亲坐在台灯下静静地看书，这在我的脑海中留下了深刻的印象。母亲喜欢阅读，因此影响了我们，我小时候也非常喜欢看书。

在孩子入睡前，很多父母会给孩子读绘本、讲故事书，然而他们平时却很少看书。如果我们想要培养孩子爱看书的习惯，不如以身作则，首先自己喜欢看书，那么孩子自然而然地也会受到影响。

你是哪种类型的父母呢？

你想成为什么样的父母呢？通常有三种类型：一流的父母是榜样，二流的父母是教练，三流的父母是保姆。

一流的榜样式父母，他们懂得先做好自己，再教育孩子。他们用轻松的、自然的方式教育孩子，甚至不用特别为孩子做什么，孩子就能顺利地成长。

二流的教练式父母，他们时常感觉很疲惫，他们总是为孩子做主，给孩子制订计划和安排，用说教的方式教育孩子，总担心孩子会出错。

最可悲的是三流的保姆式父母，他们细致入微地照顾孩子的生活，包办孩子的一切，没有任何教育的意识，不知不觉地溺爱着孩子。

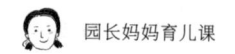

言传身教永远胜于说教

我深有感触,你想让孩子成为怎样的人,自己就必须先成为怎样的人。人们常说,孩子是父母的复制品,的确如此。父母一定要先做好自己,才能教育好孩子。

有的家长说,自己控制不住跟孩子发脾气,当家长觉得孩子做得不好,教育对孩子不起作用时,就产生了情绪,就要发泄出来。这类家长不是在教育孩子,而是在发泄自己的情绪。

如果家长不懂得先做好自己,又怎么能教育好孩子呢?

在家庭教育中,父母充当的是教育者的角色,实际上父母应该跟孩子共同成长,不断地学习与进步。

教育是与孩子共同成长

有时候,我们成年人自以为能教育好孩子,认为比孩子懂得多,在孩子面前表现出高高在上的姿态。

事实上,我们只能去引导孩子、影响孩子,不能真正地改变孩子。

你也许会发现,孩子其实也在教育我们,我们能从孩子身上学到很多东西。**教育与其说是改变孩子,不如说是改变自己。教育最大的意义是温柔地陪伴,并且与孩子一起不断地成长。**

每一位焦虑的母亲背后,都有一位缺席的父亲

● 父亲参与到家庭教育中,不缺席孩子的童年

中国家庭存在一种现象:一位焦虑的母亲和一个失控的孩子,其背后的原因是有一位缺席的父亲。

美国前总统奥巴马曾说:"我不会做一辈子的总统,但是我一辈子都要做好一位父亲。"

父亲缺席孩子的成长,孩子一定会和你有距离。孩子有时候和你很客气,这种行为不是爱,只是出于礼貌。爱与被爱是成正比的,你给孩子多少,孩子也会给

你多少。

如果父亲在家庭教育中是缺席的，母亲的力量又特别单薄，那么就有可能培养出失控的孩子。

现在很多父亲为了赚钱养家，陪伴孩子的时间很少。他们缺席了孩子的成长，更缺席了孩子的教育。等孩子出现了问题，他们又会埋怨母亲，责骂孩子，这样是无法解决问题的。

妈妈，愿你放下焦虑，轻松愉快地生活

在给我发私信的父母中，90%以上是妈妈。如今妈妈的负担实在太重了，我可以感受到妈妈们的焦虑、担心和无奈。在这里，我呼吁妈妈们，尽量轻松愉快地做妈妈，只有你快乐了，你的孩子才会快乐。同时，我更要呼吁爸爸们，你们要参与到孩子的成长中来，爸爸应该是妈妈坚强的后盾。

我想告诉大家的是，教育没有想象中的那么难，父

母应该轻松地教育孩子。我们只有把轻松和快乐的感觉传递给孩子，教育才有意义。教育只是生活的一部分，也许父母永远都无法做到完美，但是你终究会成为孩子心中的唯一，所以请享受为人父母的经历。

亲子关系中，父亲有哪些重要的作用？

如果父亲能经常陪伴孩子，积极地参与到家庭教育当中，这对孩子的成长是非常有帮助的。我们经常呼吁，父亲要参与到家庭教育当中，不要缺席孩子的童年。尤其是在亲子游戏中，父亲更擅长教和玩。有研究表明，父亲多陪伴孩子，孩子长大以后更聪明。妈妈主内、爸爸主外，其实最好是父母共同陪伴孩子。父母双方的教育是互补的，不冲突的。

男人和女人的思维方式是不同的。通常，母亲感性多一些，父亲理性多一些。父亲比较理性，在教育孩子时更注意问题的本质，能让孩子的思维更加开阔。父亲在引导孩子的人生方向、目标方面，有时候能够产生很大的影响。父母双方的性格是互补的。我认为,一个好的家庭组合就是"慈父严母",妈妈要温柔而坚定,爸爸要理性而和善。在这样家庭中长大的孩子,内心既有原则又自由。

无论父亲多忙,一定要抽出时间陪伴孩子

有些爸爸经常去接送孩子,陪孩子一起玩耍,我觉得在这样家庭成长的孩子肯定是幸福的,而且孩子的心理也会健康发展。无论父亲多忙,一定要抽出时间陪伴孩子。

在我们的幼儿园,每天早上有许多爸爸送孩子来幼儿园,有的爸爸把孩子架到肩膀上,孩子笑着来上幼儿园。每当看见这些场景,我就觉得孩子特别幸福。孩子拥有浓浓的父爱,奠定了他一生幸福的基础。

离婚的父母,更要让孩子知道"我从没有忘记爱你"

● 即使父母分开了,也要给孩子正常的生活

有一位单亲妈妈发私信给我:"我是个单亲妈妈,单亲家庭会对孩子造成影响吗?"

在我4岁时,我的父母离异了,我搬去外婆家生活。等到大学毕业的时候,我们姐妹三人去找亲生父亲,等我们见到父亲时,他一直在哭,但我们看见他如同看见陌生人一样。每当我看见别人的父亲牵着孩子的手,总会心生羡慕,因为在我的成长过程中父爱是缺失的。

所以，即使是离婚的家庭，父亲也不要忘了去牵孩子的手，不要忘记多陪伴孩子。虽然父亲和孩子有血缘关系，但是如果分开的时间久了，孩子也会对待他如陌生人一般。

我真的希望，每一个离婚家庭的父母都不要疏离孩子，要时常牵起孩子的手说："我从没有忘记爱你。"

父母感情破裂，为了孩子，要不要离婚？

我们经常说，父母就是孩子的榜样，父母是什么样的人，孩子就会成为什么样的人。如果你希望孩子将来生活幸福，那么你就要给孩子展现出幸福的样子。但是如果一个家庭的夫妻关系破裂了，还要隐瞒这个事实，很容易让孩子受到伤害。

要尽量减少对孩子的伤害，这种伤害主要是父母互相攻击、争吵甚至打架，让孩子的内心产生怀疑，怀疑父母是不是不爱自己了。即使夫妻关系破裂了，父母也要注意自己的行为和教养;即使是离婚了,也不要伤害孩子。

有的父母为了孩子,虽然双方之间已经没有感情了,但仍然选择不离婚,在表面上维持这个家庭。但是生活在这样的家庭中,孩子也不会感到特别幸福。

初为人母、人父的我们,很多时候都会传承原生家庭的教养方式给孩子,那些好的、不好的经历都会延续到下一代身上,而且父母自身也会继续在这种痛苦中不停地挣扎。**我们必须有意识地觉醒,不断地反思自己的原生家庭的教育,用爱和原生家庭和解。**

我认为,父母要传递正确的生活习惯和认知给孩子。有时候,孩子难免会受到父母的影响,但也不要过于焦虑,孩子不会因为某些影响,终生都处于失败中。父母要勇于承认自己的不完美或者错误,坦诚地跟孩子交流。教育孩子,就是和孩子共同成长的过程。

父母分开和爱孩子,永远都不冲突

如果你已经离婚了,那么你不要因为离婚而陷入自责和内疚,想要更加倍地爱孩子、弥补孩子,这种想法是错误的。

对于如何爱孩子,其实和以前一样就可以。有些父母觉得离婚后对不起孩子,他们这种亏欠的心理会暗示孩子:父母确实对不起他了,他的家庭破裂了,他不是一个幸福的孩子。久而久之,孩子的自尊心就会降低。

父母正确的做法是,让孩子觉得离婚并不可耻,父母离婚并不是因为孩子,而是大人之间的问题。即使父母分开了,也会给孩子正常的生活。

如果父母真的不能生活在一起,可以选择离婚。离婚后,父母对孩子的爱并没有减少,父母要尽可能地把对孩子造成的伤害降到最低,这才是对孩子最好的教育。

有问题的孩子背后,
一定会有有问题的父母

● 教育孩子,其实就是教育自己的过程

有位妈妈曾经对我说:"我特别讨厌自己,也特别讨厌我的孩子。"我听后感到十分震惊。

孩子的很多问题,原因都出在家长身上。这位妈妈不会接纳自己,更不会接纳孩子。也许她从小所受的家庭教育就是不被接纳,常常被否定的。

为什么她讨厌自己的孩子?她可能看见孩子也有自己身上的问题,但她是无能为力的。

一个人想要幸福，无论自己是什么样的人，首先都要有接纳自己的心态。

孩子的问题，都是大人的问题吗？

很多时候，孩子身上的问题折射出家庭教育的问题。特别是父母反复强调孩子身上的一些缺点，这种家庭教育是不得当的，会使孩子的心理扭曲。

虽然我们不能帮助孩子立刻改掉自身的问题，但起码不要起反作用，不要反复强化孩子的问题。在家庭教育上，我们必须提高认知。孩子自身的问题，并不是定性的，也没有想象的那么严重，有时候是大人把孩子的问题想象得过于严重，也可能是大人给孩子做出错误的引导，没有做一个好榜样。

家长不要总是关注孩子身上的问题，也要多发现孩子身上的优点。 为什么孩子的很多问题发展得越来越严重？是因为家长无形的束缚把孩子捆绑起来，让孩子束手束脚，失去自我成长的能力，抑制了他们探索世界的本能。**尊重孩子的成长，首先要允许他做自己。放手让孩子成长，而不是绑着他成长。**

很多家长常常会说，孩子从小没有教育好，或者经常担心孩子输在起跑线，这些都是家长太焦虑的表现。教育孩子，还是要立足当下。不要因为孩子的一点问题，就认定他注定会失败；也不要因为别人家的孩子做得更好，就认定自己的孩子落后了。**人生不是赢在起跑线上，而是赢在坚持和努力上。最后看谁能坚持到终点，还保持领先，谁才是赢家。**

任何教育都不是完美的，无论是传统教育，还是现代教育，都存在一些问题。很多家长焦虑的原因，是他想让孩子接受最好的教育，在成长的过程中少走弯路。其实，家长的心态保持平和，让孩子自然地成长，就能给孩子带来最好的教育。

女性首先要做自己，周围人才会幸福

女性在生活中扮演了多重角色。她是父母的女儿，是丈夫的妻子，是孩子的母亲。还有另外一个角色，她更是她自己，她首先要成为自己。如果你想让你的孩子将来生活幸福，你自己的生活必须幸福，这样孩子才会学习幸福的生活方式。

母亲总是在不断地付出，这种付出会变成沉重的负担，压在孩子心头，很多时候这种母爱并非给孩子滋养，让他感到幸福，而是让孩子感到疲惫不堪、痛苦无助。

诚然，母爱很伟大，能为孩子牺牲一切，但是这种爱太沉重了，我觉得孩子也不希望母亲活得这么辛苦、这么痛苦，对吧？孩子也希望母亲生活幸福，希望母亲拥有属于自己的人生。

最好的亲子关系是什么？应该是家长尊重孩子，孩子也尊重家长。所以，教育孩子，其实就是教育自己的过程。在教育孩子之前，先做更好的自己。

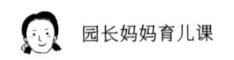

爱会带来伤害吗?

爱来自父母,伤害同样也来自父母。不正确的爱,就会带来伤害。

最可悲的是,这种不正确的爱会被孩子传递,危害下一代。

陷入这种原生家庭的负面影响的循环中,是在教育中不思考、不进步的结果。我们有必要成为学习型父母,在教育观念上的每一次进步、每一次觉醒,都可能让你的孩子在某一方面走向成功。

每个人都要认真地去审视自己的原生家庭,父母一定要时刻觉察,你给孩子的爱是否恰当。我们不要认为只要爱孩子就够了,而是要用正确的方式去爱孩子。父母只有不断学习,才能教育出更优秀的孩子。

后记

我出生在一个工人家庭,我的继父是一名矿工,我从小在矿上长大。虽然我的家庭很普通,但我感到非常温暖和幸福。

我小学、初中的成绩优异,考上了重点高中,然后顺利地考上大学。大学毕业以后,我被就近分配到一所中学里当英语老师。我在这所中学任职6年以后,辞职出来自主创业。我创办了一所英语培训学校,从事英语教学,长达10年之久。在教育的过程中,我不断地学习、研究适合孩子的教育方法,也时常在实践中反思,并逐渐发现了问题。

我发现,很多孩子不是自主性地来上培训班,而是家长强迫他们。在课堂上，他们不会认真地听讲，也不会和老师积极地互动，他们只是为了完成家长交代的任务。在他们看来，上补习班是为了迎合家长的需要，而不是他们自己的需要。

渐渐地，我找不到继续开设培训班的意义，我关闭了这所英语培训学校，决定投身于幼教行业，创办一所全日制的幼儿园，从小培养孩子各方面的能力。

进入幼教行业，我发现有些老师的教育理念是错误的，他们把之前的教育工作中遗留下来的问题，延续到现在的教育工作中。我想要引导老师们，正确地教育孩子、尊重孩子。

现在的许多父母很焦虑，担心自己的孩子比不上别人家的孩子，担心孩子成长的每一步，希望孩子能把任何事情都做到最好。但是，世界上没有完美的孩子，当孩子的成绩或行为没有达到父母的预期时，很容易被贴上"不听话""不聪明"的标签。相反，如果我们降低对孩子的期待，接纳孩子的不完美，就会发现孩子很多隐藏的闪光点。

后　记

　　好的家庭教育，是接纳孩子的不完美，相信每个孩子都是会发光的钻石；好的父母，能在孩子的成长道路上提醒他、帮助他，而不是代替他成长。那些控制孩子的家长、独断专行的家长，可能会阻碍孩子的成长。如果父母能够接纳孩子的不完美，适时地给他鼓励而不是压力，相信孩子会变得更好。

三小辫儿园长

图书在版编目（CIP）数据

园长妈妈育儿课 / 三小辫儿园长著. — 北京：北京日报出版社，2024.8
ISBN 978-7-5477-4941-8

Ⅰ.①园… Ⅱ.①三… Ⅲ.①婴幼儿－家庭教育 Ⅳ.①G781

中国国家版本馆CIP数据核字(2024)第085071号

园长妈妈育儿课

责任编辑：	秦　姚
监　　制：	黄　利　万　夏
营销支持：	曹莉丽
特约编辑：	曹莉丽　胡　杨
装帧设计：	紫图图书ZITO
出版发行：	北京日报出版社
地　　址：	北京市东城区东单三条8-16号东方广场东配楼四层
邮　　编：	100005
电　　话：	发行部：(010) 65255876
	总编室：(010) 65252135
印　　刷：	艺堂印刷（天津）有限公司
经　　销：	各地新华书店
版　　次：	2024年8月第1版
	2024年8月第1次印刷
开　　本：	787毫米×1092毫米　1/32
印　　张：	7
字　　数：	108千字
定　　价：	56.00元

版权所有，侵权必究，未经许可，不得转载

我希望每个孩子的眼里都能闪烁着自信的、快乐的、充满希望的光。